T0113023

Encontrarás a tu gente

Cómo hacer amistades significativas
siendo adulto

Lane Moore

Encontrarás a tu gente

Cómo hacer amistades significativas siendo adulto

EDICIONES OBELISCO

Si este libro le ha interesado y desea que le mantengamos informado de nuestras publicaciones, escríbanos indicándonos qué temas son de su interés (Astrología, Autoayuda, Psicología, Artes Marciales, Naturismo, Espiritualidad, Tradición…) y gustosamente le complaceremos.

Puede consultar nuestro catálogo en www.edicionesobelisco.com

Colección Psicología-Autoayuda
ENCONTRARÁS A TU GENTE
Lane Moore

1.ª edición: mayo de 2024

Título original: *You Will Find Your People*

Traducción: *Juan Carlos Ruíz*
Corrección: *Elena Morilla*
Diseño de cubierta: *Enrique Iborra*

© 2023, Lane Moore
Publicado originalmente en inglés por Abrams Image,
sello editorial de Abrams, NY, USA, en 2023
(Reservados todos los derechos)
© 2024, Ediciones Obelisco, S. L.
(Reservados los derechos para la presente edición)

Edita: Ediciones Obelisco, S. L.
Collita, 23-25. Pol. Ind. Molí de la Bastida
08191 Rubí - Barcelona - España
Tel. 93 309 85 25 - Fax 93 309 85 23
E-mail: info@edicionesobelisco.com

ISBN: 978-84-1172-160-8
DL B 6180-2024

Printed in Spain

Impreso en España en los talleres gráficos de Romanyà/Valls S. A.
Verdaguer, 1 - 08786 Capellades (Barcelona)

Reservados todos los derechos. Ninguna parte de esta publicación, incluido el diseño de la cubierta, puede ser reproducida, almacenada, transmitida o utilizada en manera alguna por ningún medio, ya sea electrónico, químico, mecánico, óptico, de grabación o electrográfico, sin el previo consentimiento por escrito del editor. Diríjase a CEDRO (Centro Español de Derechos Reprográficos, www.cedro.org) si necesita fotocopiar o escanear algún fragmento de esta obra.

*Este libro es para cualquier persona que no haya encontrado aún
a su gentes de las formas que siempre ha esperado.
Espero que esto sea una guía para que averigües quién eres
y a quién necesitas, de forma que por fin puedas tener
la familia escogida que todos merecemos.*

Este libro está dedicado a Lights,
quien, aunque pesa 3,5 kilos y es un perro,
me enseñó cómo es la verdadera amistad.

Cómo hacer amigos

Ilana: ¡Tío, te seguiría hasta el infierno, amigo!
Abbi: Y yo te llevaría en hombros, algo así, te cubriría
y yo estaría como yendo al infierno.

BROAD CITY

Yo, de verdad, pensaba que tendría amigos en este momento. No me malinterpretes; tengo personas con las que hablo, que me gustan de verdad. Tengo personas con las que me río y que veo una vez cada seis meses, personas que me envían mensajes y dicen que deberíamos hacer algo pronto y que incluso podríamos hacer planes, pero después cada uno espera que el otro lo anule porque los dos estamos cansados. Los tengo, sí. Pero en realidad pensaba que tendría *amigos* en este momento, de la forma como entendía que es la amistad siendo niña.

Mis primeros recuerdos de la infancia son observar, con asombro, las representaciones de grupos de amigos muy unidos en la televisión y en las películas. Las veía con entusiasmo en la pantalla, como si fuera una adivinadora echando un vistazo a mi vida futura teniendo grandes amigos. Yo siempre suponía que, aunque no tuviera las amistades que veía en la televisión en ese preciso momento, con seguridad tomarían forma una vez que fuera adulta. Y tal vez tú también lo hacías.

Todos esperábamos encontrarlas en la primera fase de la niñez: los mejores amigos y almas gemelas nacidos en la casa al lado de la tuya, sólo con la diferencia de unos meses. Y si no era entonces, las encontraríamos en la escuela primaria o en el instituto. Y después nos conoce-

11

ríamos el resto de nuestras vidas. Y si eso no funciona, todo el mundo siempre dice que te obligues a reinventarte a ti mismo en la universidad y que encuentres allí a tu gente. ¡Sí!

Pero luego llegamos al instituto. Y después a la universidad. O no vamos a la universidad. O somos retraídos en la universidad. O experimentamos problemas en esa época. O las amistades que encontramos no tomaron el camino que habíamos esperado. E incluso cuando era así, incluso en la mejor de las situaciones, las personas cambian, las personas abandonan. Tal vez no nos mantengamos en contacto. Puede que nos mudemos nosotros, pueden mudarse ellos. Y esas amistades quedan cristalizadas en nuestra memoria, revividas sólo por una búsqueda ocasional en Google para ver que: *Guau, ¿Alison sigue trabajando en el centro comercial? ¿Y tiene un HIJO?* Quizás sigamos hablando con ellos en nuestras cabezas, esperando que capten los mensajes, pero sabiendo que no lo harán. Y mostrándonos mayormente conformes con eso.

Nadie te dice que las edades de dieciocho a veintidós forman más bien el estado real de nuestra amistad principal. *Eso* es. Te encuentras alrededor del mayor grupo de gente de tu edad que tendrás en tu vida, y todos están deseosos de crear sus grupos de amigos. Eso es lo que intentas. Así que sería mejor que tuvieras una experiencia «normal» en la universidad y la buena suerte de estar preparado y ser capaz de conocer a tu grupo de amigos exactamente en ese momento o, si no, te perderás en el infierno de más de veintidós años de edad, que es «¿Cómo diablos hago una amistad ahora?».

Puede sentirse a menudo como un juego cruel de sillas musicales que comenzó años atrás, y ni siquiera sabíamos que había comenzado, por no hablar de que estaba (aparentemente) a punto de terminar.

En la escuela de primaria aprendí por la televisión la mayoría de las cosas que sabía sobre las amistades, y aquélla me había asegurado que todo el mundo conseguía entre uno y seis mejores amigos. Estaban garantizados, y quizás sólo tenía que esperar un poco más, hasta que la cruel política del instituto se negó a encontrarlos. Y yo sabía exactamente lo que tenía que buscar cuando ocurriera eso. Los tipos de mejores amigos que todo el mundo de la cultura popular parece conseguir:

- Tu mejor amigo, fiel y gran admirador que siempre está disponible para ser extremadamente tontorrón contigo y que te recuerda lo increíble que eres. Es amable y simpático, y la única persona que siempre aparece con sopa si experimentas incluso el más leve contratiempo.
- El compañero de trabajo que en realidad no ves fuera de él, pero cuando estás allí deja amablemente tentempiés en las mesas de los demás.
- El amigo «salvaje» que es más aventurero e insensato que tú, y que te induce a expandir los límites de quien crees que puedes ser, o, si tú eres el amigo salvaje, el amigo más reservado que constantemente animas a superar los límites de quien piensa que puede ser.
- El amigo de «guau, no esperaba que esta amistad floreciera de la forma que lo ha hecho, y sin embargo aquí estamos», que no viste venir y que fue la mejor sorpresa de toda tu vida.

Y un montón de otros amigos complementarios que nos dicen que serán divertidos para pasar el rato durante al menos algún tiempo, iluminando tu adolescencia y tus veintitantos años como un árbol bien adornado de «¡ésta es mi GENTE!», mudando hojas sin dolor según se necesite. No hay rupturas dolorosas de amigos, no hay discusiones, no hay corazones rotos, sólo breves apariciones que van a la deriva con facilidad, y todo el mundo sigue estando entero después.

Yo necesitaba todos estos tipos de amigos, porque la sociedad me decía que lo hiciera, así que me mantuve cerca de las personas que conocía, que incluso desde lejos encajaban en estas descripciones como emblemas de las *Chicas Scout* ganados con dificultad, sin importar lo poco saludable que fuera la dinámica, como prueba de que yo podía hacerlo. Yo podía ser simplemente igual que todos los demás de esta única forma, puesto que no podía ser como todos los demás que tenían familias perfectas. (Por favor, véase mi primer libro, *How to Be Alone*). Eso estaba en gran parte fuera de mi alcance. ¿Pero amigos? Podía hacer eso. ¿Retorcerme para formar un grupo de personas como yo y nunca abandonarlo? ¡No puedo esperar! ¡No hay forma de equivocarse cuando ésa es tu triste visión de la amistad!

Quizás esto fuera una profecía autocumplida: Ya que esto es lo que yo pensaba que era la amistad, siempre conducía a un territorio de pesadilla. En cuanto conseguía un mejor amigo, las relaciones tenían siempre una vida muy corta. Independientemente de lo prometedor que fuera el comienzo, invariablemente algo generaba una molestia en la intimidad que había deseado con tanta profundidad y que necesitaba como el aire. Mi mejor amiga de menor edad decidió que ambas estábamos actuando «demasiado la una con la otra» (estábamos la una con la otra), así que puso fin a la amistad. La familia de mi mejor amiga del instituto se mudó muy lejos y me apenó su pérdida como si hubiera muerto. Sustituye, repite y nunca dejes de intentarlo, y después de entristecerte, intentarlo y luego afligirte.

Si has sobrevivido a una serie mitológica griega de decepciones en las relaciones, sabes que intentar averiguar cómo conseguir un amigo cuando te han hecho daño tantas veces, o nunca te has sentido querido o aceptado de verdad de una forma duradera, o nunca has tenido un modelo de amistad saludable, puedes pensar que es imposible.

Mi definición de amistad saludable es personal para mí, tal como es para todos nosotros. Así que puede haber historias que cuento en las que alguien me hizo algo que me rompió el corazón, que tú no pensarías dos veces, sin grandes problemas, o en las que reaccioné ante alguien de una forma que te parece extraña. Porque todos somos una combinación única de necesidades y daños del pasado, y de lo que hicimos o no logramos siendo niños, lo que nos indica directamente lo que necesitamos ahora y lo que podemos tolerar, para bien o para mal.

La mayoría de las amistades no constan de una persona mala y otra buena, una que se equivoca y otra que acierta. Constan de personas que encajan bien la una con la otra, o que no. Sobre todo, tus amistades deberían permitirte sentirte seguro y sentirte atendido, y hacer cualquier cosa que se necesite para hacerte sentir de esa forma, y si una persona no puede o no quiere hacer eso por ti, tienes permiso absoluto para alejarte de ella. Quizás sin juzgar, sin una acusación que diga que es mala, pero segura del conocimiento de que mereces tener cualquier cosa que necesites tener.

Mi niñez había carecido de consistencia, por lo que para mí es extremadamente importante tener personas en mi vida que hagan todo lo que dicen que van a hacer. Puesto que no partí de esa base cuando era niña, es vital tener personas en mi vida que me demuestren esa confianza; es lo que necesito, y es aceptable. También es aceptable para alguien no poder proporcionarse consistencia a sí mismo o a otra persona, tal vez debido a sus propias experiencias. Pero probablemente no formaremos pronto un vínculo estrecho entre nosotros, en ningún momento, ya que sería como el infierno para los dos: yo me sentiría decepcionada constantemente y el otro siempre sentiría ser decepcionante. No, gracias.

La amistad requiere tanto tiempo, suerte, comunicación y una compatibilidad a base de piezas de rompecabezas que cualesquiera dos personas que se dirijan a la tierra prometida de la verdadera amistad son casi heroicas. Estoy segura de que algunas amistades llegan a buen término y permanecen en ese estado, desplazándose como una botella arrojada al océano y que por fin llega a tierra. Pero creo que con más frecuencia las amistades son pequeños barcos que salen al mar, con dos personas a bordo que nunca han estado en un barco como ése, y que tienen sólo un conocimiento pasivo de navegar, intentando guiarlo y mantenerlo a flote, y que se divierten durante el camino. Y entonces, un día veis la orilla y decidís juntos remar y dirigiros hacia allí, turnándoos de cualquier modo que os parezca mejor a los dos, hasta que llegáis a esa orilla y por fin estáis allí. Y después saldréis hacia distintos océanos, por supuesto, en el transcurso de vuestras vidas juntos. Pero ahora sabéis cómo repartir las tareas, cómo trabajar mejor juntos, y no os preocupáis porque alguien se tire del barco y caiga en otro que parezca más simple o más divertido. Habéis tomado la decisión de estar en éste, de cuidar de él, de llevarlo a donde merezca dirigirse. Eso conlleva mucha confianza e intimidad, y de nuevo, sobre todo, elegiros el uno al otro.

Pero no enseñamos a la gente a hacer esto, a crear amistades, a alimentarlas, a cómo elegir mejor, y después cuándo y cómo ponerles fin si no funcionan. Y por eso tantos de nosotros simplemente damos vueltas esperando tropezar algún día con las amistades de nuestros sueños, porque las queremos, porque las merecemos.

¿Cómo encontrar una amistad saludable cuando es algo que no has experimentado nunca? Y aunque por fin te la ofrecieran, ¿cómo la reconocerías y encontrarías el valor para aceptarla? ¿Cómo se supone que aquellos de nosotros a los que nos han herido o traumatizado encontraremos amistades saludables si nos enseñaron, a una edad en que estábamos formándonos, que no las merecíamos?

No conocemos la respuesta, pero por Dios que luchamos por ella. Queremos conectar en tan gran medida que seguimos echando dinero en la máquina tragaperras de la amistad, esperando un resultado distinto, sin importarnos cuánto sigamos perdiendo, porque sabemos que, si ganamos, será a lo grande. Tendremos amigos que nos dejarán mostrar nuestra intimidad, con los que podemos ser nosotros mismos y que aceptarán todas nuestras facetas, sin importarles lo desordenadas y rotas que puedan estar algunas de ellas.

Con todo lo que conlleva, yo creo que merece la pena cargar con el bagaje de nuestro pasado, tenerlo a nuestro lado para cada nueva persona, aunque nos preocupemos porque van a verlo y a preguntar por qué es tan grande. A veces recogemos *más* bagaje con cada persona que conocemos; cosas que nos dan y que no queríamos ni necesitábamos, pero que ahora son nuestras. Y a veces tenemos tantas maletas que parece demasiado molesto volver a probar, un peso excesivo para llevar a cuestas. Pero lo intentamos de nuevo. Aprendemos a hacer las maletas mejor, sabemos dónde enterrar cosas, dónde liberar cosas, qué podemos tirar, qué podemos volver a coser juntos.

Una de las cosas más importantes en las que todo el mundo parece insistir en su vida diaria son sus amistades:

¿Estoy siendo un idiota?
¿Soy yo el idiota?
Les dije esto a ellos, ¿era demasiado?
Ellos dijeron esto, ¿qué querían decir con ello?
¿Es esto tóxico?
¿Se enfadan conmigo?
¿Me enfado yo con ellos?
¿Cómo mejoro esto? ¿Es posible?

Después de años de buscar, esperar, desear y quedar decepcionada, quería saber si es posible tener los amigos con los que soñamos. Oímos historias como esa en todo momento, que alguien tiene amigos increíbles, simplemente increíbles. Y le creemos, porque si pueden existir cosas muy malas, también pueden existir cosas muy buenas.

Así que, ¿por qué no podría ocurrirte eso a ti? ¿O a mí?

Yo pensaba que era la única persona para la que esto suponía un problema, que todos los demás tenían sus amistades totalmente seleccionadas, y que yo era la única niña que no elegían para jugar a la pelota, preguntándome por qué no lo había conseguido aún. Pero yo sé, gracias a conocer a tanta gente que me dice que se encuentra en el mismo camino, que no soy la única en el mundo que ha luchado para encontrar a su gente. No soy la única que hace el duro trabajo de averiguar quiénes son, qué es lo que quieren y cómo detectar las barricadas que tienen delante y que no pueden esperar a apartarlas del camino, con explosivos si es necesario. Yo no soy la única con patrones de dolor que están agotados y, hablando sinceramente, incluso aburridos. No soy la única que se encuentra increíblemente cansada de quejarse de los amigos que causan frustraciones, y que se siente eufórica de verdad ante la idea de tener amistades que *simplemente funcionan*. Sólo un puro y sencillo «Yo les gustaba a ellos, ellos me gustaban a mí y *simplemente funcionaba*». Después llegas a ser una de esas personas que dice cosas como «Y hemos sido amigos desde entonces».

Sé que, a menudo, cuando la vida ha sido más complicada, más dolorosa, más desesperante, es cuando ocurre algo realmente bueno. Y también sé, y espero que tú también, que, ya que he hecho (penoso, de hecho, a menudo es penoso) la tarea de trabajar en mí misma cuando finalizaba cada amistad, estaba en mejor posición para poder elegir un amigo mejor en la próxima ocasión. (Y después, a veces, sin darte cuenta, vuelves a tus antiguos patrones, vas hacia atrás, demasiado atrás, y dices: «Espera, ¿cómo mi GPS para las amistades se rompió tan de mala manera?»). Todo es un proceso de refinamiento. Cuanto más sabes sobre ti mismo y tus patrones, mejor equipado estás para acercarte a lo que quieres de verdad y lo que necesitas de tus amigos, y para saber cómo identificarlo. Por tanto, ¿por qué no podemos encontrar el valor para empezar a dar pasos adelante más grandes, ahora que nos conocemos mejor?

Pero, incluso cuando te conoces mejor, puedes sentir que es imposible entablar amistad con alguien después de dejar el instituto o la universidad. Sin el sistema integrado de «un montón de personas en un edificio con quienes tienes que hablar a veces», el mundo entero puede sentirse como un incómodo bar del que sólo quieres salir. Y aunque preguntes a alguien cómo hacerlo, la mayoría se limitará a decirte «¡Apúntate a un club!» o «¡Apúntate a un gimnasio!». Pero si eres como yo y no tienes ni idea de a qué tipo de club deberías inscribirte (¿Un club para personas obsesionadas con ver el mismo programa de televisión una y otra vez? Esas personas están en sus casas viendo el mismo programa una y otra vez), y, o ya perteneces a un gimnasio y vas allí para hacer ejercicio en silencio y después te vas, o bien simplemente, de verdad, en realidad, no quieres apuntarte a un gimnasio, éstas son algunas formas para comenzar:

1. **Envía mensajes a alguien con quien interactúes constantemente en Internet.** Si estás en las redes sociales o en cualquier grupo de Internet, es probable que tengas a alguien que siempre te contesta, que te envía mensajes o que le gustan tus publicaciones. Hay muchas interacciones sutiles que podrían convertirse fácilmente en mensajes del tipo de: «Tío, ¿podríamos ser amigos?». Así que, ¿por qué no intentarlo?

2. **Escribe a un amigo mutuo que siempre sentiste que te llevabas bien con él.** Ya tienes un amigo en común, por lo que merece la pena ver si te llevas bien con él cuando estáis solos los dos. En cierta ocasión conocí a un chico que tenía amigos realmente molones, pero sinceramente yo no le caía muy bien. Un día me encontré a varios de sus amigos en el metro y resultó que todos ellos pensaban que yo era verdaderamente genial, y también que no les gustaba el otro chico. Fue un momento muy hermoso.

3. **Acude a buenos espectáculos o restaurantes tú solo.** No puedo decirte la frecuencia con que he oído a algunas personas decirme que venían a mis programas de humor solos y conocían a gente realmente guay de la que se hacían amigos. Y si esta idea te aterroriza, es útil ver esto menos como «Oh no, voy a parecer un perdedor que se encuentra solo», y más como «¿Qué sucedería si conozco a una persona que mola y que también está sola y creamos vínculos, y gracias a ir solo hubo oportunidad para que ocurriera eso?».

4. **Haz planes fuera del trabajo con ese compañero que piensas que mola.** Una vez trabajé con una mujer que prácticamente era mi mejor amiga en la oficina, y entonces, un día, se me ocurrió: ¿Quién dice que no podría ser mi mejor amiga en todos los sentidos? Y afortunadamente para mí, era igual de graciosa y divertida fuera del trabajo, si no más.

5. **Entabla contacto con alguien que sólo veas cuando estás bebiendo, para hacer algo que no sea beber, durante el día.** La Molona Sara Borracha probablemente también sea la Molona Sara Sobria A La Que Le Encanta Ir De Tapas Después De Trabajar. No lo sabrás hasta que lo intentes.

6. **Invita a algo a los amigos importantes de tus propios amigos.** Esto puede ser delicado dependiendo de la situación, así que es evidente que no tienes que hacerlo si sabes que puede suponer un problema, pero si crees que la novia de tu amigo mola de verdad y existe una posible amistad, ve a por ella y comprueba si estás en lo cierto.

7. **Ve a un parque para perros.** Tengas perro o no, los parques para perros son formas excelentes de conocer a otras personas realmente simpáticas (bueno, principalmente, a veces hay alguien allí que es un estúpido. y tú dices «¿Por qué traes esta energía a un lugar tan sagrado? ¿Por qué?») y, en el peor de los casos, consigues jugar con los perros. Pero, en general, los perros son una excelente manera de romper el hielo. Cuando estoy con mi perro, conozco a muchas personas cada día que son extremadamente amables y molonas para charlar con ellas. Tal vez no nos hagamos buenos amigos sólo porque nuestros perros han jugado juntos diez minutos, pero puede satisfacer esa necesidad de conectar de un modo realmente hermoso.

8. **Intenta esforzarte más con las amistades que tienes.** Puede ser fácil pensar que tus amigos actuales no son suficientemente buenos para ti o que no te ofrecen lo que tú quieres en la relación, así que deberías conocer a otras personas, y a veces eso es cierto. Pero, antes de que te marches pensando que no es tu culpa, sino de ellos (¡lo cual podría ser!), intenta entablar contacto, comunicarte, esforzarte más y ver si eso resulta de ayuda.

9. **Anímate a hacer o mantener planes con tus amigos, aunque quedarse sentado solo en casa viendo amistades en la televisión parezca mucho mejor.** A veces necesitas de verdad recargarte y reprogramarte, a lo que te animo por completo, pero otras veces yo necesito recordarme mantener de verdad los planes y probar suerte con que esto podría ser exactamente lo que necesitaba, aunque la soledad parezca más segura. Y después llego a casa sintiéndome tan contenta por correr el riesgo y salir de mi capullo por un momento.

¿Conlleva todo esto más esfuerzo que sentarse ahí esperando que tus amigos soñados aparezcan como paquetes traídos por correo? Sí. ¿Da miedo eso porque podría haber un rechazo o una decepción? Sí. Pero, a menudo, la única forma de que las cosas sean distintas es que empecemos a hacerlas de forma diferente y poner en práctica todo lo que aprendemos. Muchos de nosotros trabajamos muy duro en nosotros mismos; vamos a terapia, leemos libros sobre el apego, las experiencias traumáticas y las relaciones (me refiero a que estás justamente aquí, buen trabajo). Desde que era niña he querido deshacer todos estos nudos, enredados como auriculares malos, de forma que pueda limitarme a tumbarme sobre la hierba y escuchar una canción que me guste de verdad. Y sí, es frustrante deshacer todos esos nudos, y sí, tal vez quieras rendirte, y lo haces a veces. Pero una vez que los desatamos, poco a poco, es cuando logramos seguir hasta sentir júbilo. Y tal vez recordemos lo difícil que fue desatar los nudos, pero creo, más que cualquier otra cosa, que nos preocuparemos más por lo felices que nos sentimos con lo que tenemos ahora, cuando hemos cumplido con la tarea.

Bien, eso es así a menos que estés muy seguro de que no te mereces tener amistades y amor. Y en ese caso, permíteme animarte amablemente. Tú te mereces tener amistades en las que la conversación sea fácil y sientas que te tienen en cuenta. Te mereces tener esos días en los que entras en el coche y recoges a esa persona, o ella te recoge a ti, y te ofrece un café exactamente de la forma que te gusta. *Oh, gracias.* Tú te mereces tomar un helado en el camino porque *oh, amigo, ese sitio parece muy bueno, ¿quieres detenerte?* Y cantar lo que pongan en la radio, sacando una mano por la ventana. Y eso es todo lo que hay. Nada de asteriscos, nada de letra pequeña; sólo que todo es sencillamente bueno.

Tú te mereces tener amistades en las que des y recibas por igual. Amigos que te entiendan, y gozar de DIVERSIÓN, de verdad, diversión como la de un niño pequeño (aunque, y especialmente, si nunca conseguiste divertirte siendo niño, porque ya eras fundamentalmente un adulto). Amigos que te permitan y te animen a tener límites saludables, igual que ellos se esfuerzan para establecer los suyos propios. Y entonces, quizás, lo que ocurre a continuación no resulte trágico en esta ocasión. Tal vez sólo sea bueno, por siempre jamás. Por fin.

Averiguando qué tipos
de amistades quieres

Romy: Creo que eres, por así decirlo,
la persona más divertida que conozco.
Michele: ¡Yo también, contigo!

REUNIÓN DE ROMY Y MICHELE EN EL INSTITUTO

A veces veo personas en Internet que dicen cosas como «Veo que tú siempre hablas de tus amigos y que son malos, lo que me lleva a darme cuenta de lo agradecido que me siento de tener grandes amigos de cuando era pequeño. Todos necesitáis tener mejores amigos». Y quiero gritar «Lo queremos, hermano, PERO ¿DÓNDE?».

Sin embargo, nunca podemos decir estas cosas. Para que no nos perciban como un amargado, un quejica o una persona negativa, no podemos hablar sobre el hecho de que muchos de nosotros estamos con razón un poco molestos por no conseguirlo. Porque, desde el momento en que empezamos a ver la televisión, a leer libros o a ver películas, nos dijeron que todo el mundo está destinado a tener un amigo que conoció de una forma fantástica cuando tenía seis años de edad y, para bien o para mal (principalmente para bien, nos decían), estaremos con ellos hasta que muramos.

No soy capaz de decirte cuánto quería eso. Y mientras pasaban los años y cumplía quince, dieciséis, diecisiete años, y más, y me daba cuenta... *uh-oh*. Creo que dejé pasar la fecha límite, y no estoy segura

23

de dónde está la hoja de inscripción. ¿Cómo hablo al director sobre las amistades? No gritaré, pero tengo algunas preguntas. ¿Dónde están los míos? ¿No di mi nombre correctamente?

Yo quería lo que Drew Barrymore nos había prometido en una entrevista que leí siendo niña: una familia elegida.

Una familia elegida implicaba suficientes personas, de forma que, si las cosas no te iban bien con una de ellas, tenías otras tres a cinco a las que podías recurrir, que estarían disponibles para ti. Y la dinámica de grupo también haría a todas tus amistades imperturbables en última instancia, porque, si ocurriera algo dentro del grupo, si tuviera lugar alguna discusión, siempre habría allí alguien para decir: «¡Oíd todos! Dejad de discutir. Te ayudaremos todos a ver esto claramente y a arreglarlo». Incluso al escribir esto, siento una oleada de serotonina porque, ¿puedes siquiera imaginarlo?

No te sorprenderá saber que eso no fue exactamente lo que me ocurrió. Ni tampoco es lo que le sucede a la mayoría.

Durante más o menos la mayor parte de los diez últimos años, muchos de nosotros hemos estado en contacto con la mayoría de nuestras amistades, hablando unos con otros mediante mensajes. Así que, cuando veo la televisión, inmediatamente me concentro en las interacciones en las que, si fueran como suelen ser en la vida real, toda la escena consistiría en estas personas enviándose mensajes, pero, en su lugar, con los guionistas instalados en la misma habitación. Se trata de la idea de que mostrar a dos personas enviándose mensajes no es interesante para ponerlo en la televisión; no hay movimiento, no hay intimidad y es aburrido de ver. ¡Y tienen razón! Todas esas cosas son verdaderas, y no obstante eso es lo que hacemos de todas formas en la vida real.

Hay muchos ejemplos de amistades en las películas y en los programas de televisión que no son realistas para muchos de nosotros, que podrían hacerte sentir un tanto estafado cuando crezcas y te des cuenta de que «Oh, guau, ¿es tan raro como eso?». Con lo poco realistas que pueden ser, aquí hay varios temas relacionados con la amistad que sigo queriendo creer que son posibles porque serían lo normal:

1. **«¡Los amigos siempre hacen exactamente lo que dicen que harán!».** Y si alguna vez te decepcionan, sólo ocurre cuando hay todo

un episodio dedicado a ellos en que se dan cuenta de que te hacen daño de verdad, y después te sorprenden con unas diecinueve tartas y un viaje a Italia, en lugar de limitarse a no hacer nada.

2. «**¡Los amigos siempre saben lo que necesitas y te lo dan sin compromiso, aunque nunca se lo hayas dicho!**». Todos tus amigos siempre irán al fin de la Tierra por ti, pelearán por ti y aparecerán para ti exactamente como los necesites, aunque seas incapaz de expresar lo que necesitas. ¡Me parece muy práctico!

3. «**¡Los amigos te ayudan en lo que sueñas hacer y te ayudan activamente a conseguirlo!**». Aunque pertenezcan a un ámbito laboral totalmente distinto, tus amigos, de algún modo, siguen presentándote a las personas más adecuadas para ayudarte a conseguir tus sueños, te vuelven a poner en el buen camino cuando te sientes frustrado y normalmente se aseguran de que siempre haces todo lo que se debe hacer, a modo de pequeños directores vitales a los que no se les paga. ¿Existe eso? ¿Dónde?

4. «**¡Tus amigos te presionan constantemente para que seas la mejor persona que puedes ser!**». De alguna manera saben cuál es tu versión ideal y te ayudan a serla. En serio, les encantaría influir en gran medida en esto.

5. «**¡Tu mejor amigo será tu opuesto total en todos los sentidos, y sin embargo esto será muy divertido y sencillo de algún modo!**». ¿Entonces mi mejor amigo y yo tenemos sólo una cosa en común y es por lo que nos gustamos? *Mmm,* ¿parece que eso es fruta madura para las discusiones y las diferencias sobre cómo damos y recibimos amor? ¿Es así? ¿No? ¡De acuerdo, te creo, no importa!

6. «**¡Ellos probablemente te presentaran quién será tu cónyuge, y seguramente se trate de su propio/a hermano/a guay!**». Aún estoy esperando que suceda esto. Los hermanos de mis amigos no se parecen a Chris Evans, y/o ya están casados. Una decepción.

7. «**Si tus amigos viven muy lejos, sabes que eso es sólo provisional y que algún día viviréis en la misma ciudad, tendréis algún malentendido como máximo, pero estaréis bien**». Definitivamente, no te sentirás solo en absoluto, ni podrás dejar de preguntarte cuándo viviréis en la misma ciudad, de forma que puedas de verdad tener amigos que viven cerca.

8. **«Nunca jamás discutiréis».** Y si lo hacéis, será una sola vez en toda vuestra vida y os acercará aún más. Y si discutís con más frecuencia, la vuestra no será una amistad saludable. (Aunque esto pueda ser cierto en algún grado, también será una receta para «las cosas sobre las que nunca hablamos y que algún día pondrán fin a la amistad»).

9. **«¡Conocerás a todos tus amigos cuando seáis niños pequeños, la relación siempre será estupenda y os enterrarán en tumbas cercanas!».** Yo sigo queriendo esto. Creo que llego tarde, debido al hecho de que estoy en la edad adulta y no me quedan amigos de mi niñez, pero sigo siendo optimista.

10. **«¡Tu amigo oye que has roto con tu pareja y enseguida va a verte!».** El «lo estás pasando mal (incluye cualquier cosa que te resulte incómoda) y abandono inmediatamente todos los planes que tenía y rápidamente voy contigo, en persona, con regalos y/o ayuda» es una de las cosas que más me duele. Vemos este tema con frecuencia en los medios, y literalmente nunca me ha ocurrido eso en mi vida. Y lo he necesitado muchas veces, por muchas cosas más urgentes que una ruptura sencilla y simple.

Para ser justos, la idea de la mayoría de la gente de poder pronunciar un espontáneo «¡Quería levantarte el ánimo, por lo que todos los miembros de nuestro grupo de amigos contribuyeron a organizar una fiesta sorpresa de 2 000 dólares para ti, porque tienes problemas con tu nuevo trabajo!» parece irrisoria.

Me encanta mucho *New Girl*, y uno de mis momentos favoritos es cuando Schmidt se preocupa porque siente un mal sabor en las cosas, así que el grupo le compra una silla extremadamente cara y le sorprende con ella en su casa. Reagan dice: «¡Feliz cumpleaños, Schmidt!», y Nick dice algo del tipo de «No es su cumpleaños. Simplemente hacemos cosas como ésta, que tampoco entiendo». Tomar ese momento para darse cuenta de que los programas de televisión muestran activamente a la gente cómo es la amistad –regalos lujosos, todos los miembros del grupo siempre disponibles en el momento preciso, disponerse a ayudarse unos a otros en los problemas más mundanos de la vida–, cuando ésa no es en absoluto la experiencia de la mayoría de las personas, fue verdaderamente original. Parece muy raro ver que un programa de televisión reconoce que la cercanía y la consistencia de estas amistades no es siempre lo que conseguimos en la vida real, a pesar de lo mucho que podamos desearlas.

Y con razón queremos todo lo que hemos leído y visto durante años, todos los tipos de amistades íntimas que hemos deseado en la ficción, y que tanto queremos para nosotros mismos. Los he reducido a cuatro arquetipos de amistad con los que crecí esforzándome por lograrlos, y por los que sigo esforzándome:

1. **Amigos casuales:** Éstas son personas que ves a veces, y siempre te alegras de verlas, pero la relación nunca va más allá; y eso es bueno porque ninguno de vosotros la necesita en realidad. Te sientes más feliz encontrándotelas en un bar y decir algo como «¡Ay, he visto antes tu cara y tu cuerpo, y conozco tu nombre! ¡Míranos a NOSOTROS!». (Nota: en realidad yo nunca quise tener amigos casuales, puesto que, normalmente, quería que también fueran amigos más íntimos porque no los tengo).

2. **Amigos:** Esto es evidente que puede significar muchas cosas según las personas, pero en vistas a esta argumentación digamos que se trata de alguien con quien te has visto más de unas cuantas veces y con quien has compartido algunos buenos momentos, ocasiones que sentiste más profundamente que las compartidas con un amigo casual. En eso consiste, de verdad, estas diferencias: lo cercano a ellos que te sientes y lo cercano que ellos te sienten. Todo es subjetivo, pero se trata de un terreno intermedio de «hablamos a veces, yo les ayudaría si me necesitaran, pero probablemente no abandonaría todo por llevarlos a la consulta de un médico si se sintieran nerviosos, y en su lugar enviaría mensajes de apoyo».

3. **El grupo de amigos:** Oh, cuánto he echado de menos un grupo de amigos en el que todos se llevan bien, se convierten en familiares íntimos, todos molamos mucho y estamos siempre disponibles en el momento preciso. Cada uno tiene una personalidad distinta, por lo que dispones de una especie de menú de degustación, una cata de vino si quieres, de personas a las que puedes recurrir en cualquier momento para cubrir incluso tus necesidades más superficiales.

¿Necesitas un amigo para hackear el ordenador central de seguridad durante tu espionaje? Estupendo, llama a tu amigo hacker al que se le dan bien todos los dispositivos, ¡por supuesto! ¿Te vas a casar? ¡Por supuesto, tu amigo chef de clase mundial preparará toda la comida gratuitamente!

4. **El mejor amigo:** De nuevo, esto puede significar muchas cosas, pero mi definición personal es la de alguien con quien puedes hablar habitualmente y llamarle en cualquier momento, para cualquier cosa, y con quien actuar de cualquier modo. Está totalmente disponible, comunicación abierta sin límites y sentimientos, ambos compartís todo, para siempre, estáis totalmente UNIDOS. Para cualquier cosa que él necesite, te tiene a ti. Habláis todo el tiempo, constantemente, y sois básicamente las dos mitades de la misma persona.

No conozco a muchas personas que se comporten así en todo momento, pero examinemos las ventajas y los inconvenientes de cada tipo.

a. **Amigos casuales**

VENTAJAS: Consigues sentirte un capo molón en todas las partes de la ciudad a las que vas. «Sí, le conozco desde hace mucho tiempo». Se trata de un estado de cosas que me da escalofríos de sólo pensarlo.

INCONVENIENTES: Podrías tener problemas por tener demasiados amigos casuales y terminar sintiéndote terriblemente solo porque nadie te conoce de verdad y nunca te sientes realmente visto y formando parte de una comunidad.

b. **Amigos**

Véase «todo este libro» para más definiciones de las ventajas y los inconvenientes.

c. **El grupo de amigos**

VENTAJAS: Potencialmente, aparecen múltiples recursos entre los que elegir para cualquier determinado día. La capacidad de contar con muchas personas a las que recurrir cuando te ocurre algo. Hay más probabilidades de que uno de ellos pueda aparecer para ti y que corra a asegurarse de que estás bien cuidado, y siempre lo tienes como ayuda. Estoy babeando mientras escribo esto.

Inconvenientes: ¿Por dónde comienzo? Las agendas compartidas para programar salidas, a no ser que vivas en un episodio de *Sex and the City*, donde al parecer saben en qué restaurante guay aparecer cada día, y hacerlo al mismo tiempo, y todo antes de la invención del chat en grupo. También existe el peligro de emparejar a las personas dependiendo del número que forme el grupo de amigos, y ser el único que se queda fuera. O no tener la misma intimidad con todos. O personas que toman partido en una discusión.

Hay mucho potencial de verdad para que esto se convierta en un lío, y puede conllevar un montón de programación y trabajo, pero sigo queriéndolo. Simplemente parece raro que a menudo ni siquiera piense en ello como una posibilidad para mí misma. No porque no me guste tener un grupo de amigos, ni siquiera porque un grupo parezca conllevar mucho más trabajo, lo que ocurre sin duda. Pero disponer de uno se parece a ganar en la lotería. Ah, pero se trata de algo esquivo.

d. El mejor amigo

Ventajas: Consigues tener el amigo con el que tienes más intimidad que con cualquier otra persona. Le cuentas todo en primer lugar, queréis hacer cosas juntos, tu penúltimo invitado. Tu contacto en caso de urgencia, sin dudarlo. El Único.

Tomémonos un segundo en este momento para penetrar de verdad en lo que significa tener un Mejor Amigo, y la facilidad, o la ausencia, de encontrar el dicho Mejor Amigo.

Intentar encontrar al Único puede ser tan complicado como el infierno. Desde que yo era niña, he tratado a cualquier amistad como si pudiera ser La Única, y he invertido en ella todo lo que tenía, especialmente si parecía que la otra persona estaba haciendo lo mismo. Yo estaba siempre en mi puesto de vigilancia, de la misma forma que nos enseñan a vigilar siempre las relaciones amorosas. Y es muy parecido porque el sentimiento tiene que ser mutuo, y necesitas saber que significa lo mismo para las dos personas implicadas. Conozco a muchas personas que no tienen problema en llamar *mejor amigo* a otras veinte. Pero desde hacía mucho tiempo yo había visto que esto es más o menos una cosa clara y simple: «Ahí está mi mejor amigo, que es mi otra mitad, y después está el resto de mis amigos, que también son buenos. ¡Pero no son LOS MEJORES! Ésa es Sheila, y sólo Sheila». (Por favor, fíjate: actualmente no conozco a ninguna Sheila. Tal vez ése sea el problema. Debo conocer más Sheilas).

En lugar de «citarme» con amigos, y hacerlo a la forma en que tal vez lo hagan otras personas, simplemente me encontraba a una con la que tuviera una relación y me dejaba llevar por la corriente hasta que todo se venía abajo. Y ahí yo me ahogaba o me daba cuenta de que sabían manejarse y yo no. Siempre he hecho todo lo posible con cualquiera que me sintiera cercana. Y creo que es encantador comprometerme, esperar, dedicarme y darlo todo, pero, igual que el agua, puede alimentarte o matarte.

Esto era algo que siempre me hizo sentirme distinta de otras personas, que parecían tratar a las amistades como si fueran lazos para el cabello que llevaban en sus muñecas y que se habían desprendido de algún modo. Probablemente tengas un millón de ellos en casa, son baratos, reemplazables, nada importantes. Para mí, las amistades eran como pendientes muy caros para los que ahorraba, así que, si perdía uno o *jadeaba* por ambos, ¿cómo los llegaría a sustituir? Así que comprobaba mis orejas muchas veces al día, agradecida y protegiendo lo que había obtenido con tantas dificultades, y por tanto era muy querido.

Una de mis citas favoritas, de la actriz y escritora Jen Richards, lo expresaba muy bien: «Pocas veces conozco a hombres en la vida real tan extraordinarios como los de las películas, y raramente veo a mujeres en las películas que sean tan extraordinarias como las que conozco en la vida real».

De igual modo, pocas veces he tenido experiencias con un grupo de amigos de la vida real tan maravilloso como los que he visto en las películas, y raramente he visto a amigos en la pantalla decaer y fluir en su capacidad para cubrir tus necesidades, como los amigos que he conocido en la vida real. Lo duro es que la televisión y las películas comienzan como una forma de escapar de la realidad, pero ya no recurrimos a ninguna sencillamente, y no lo hemos hecho durante mucho tiempo. Recurrimos a ellas para saber cómo actuar, para saber cómo crear vínculos, para saber cómo deberían ser las amistades.

Así, cuando miramos alrededor de nosotros y no se ha materializado nuestro Mejor Amigo Para Siempre, ni lo tiene el núcleo de nuestro grupo de amigos de cuatro personas, donde nos conocemos todos y representamos distintas cualidades y personalidades que mágicamente actúan juntas, formando un miniaquelarre que se reúne para comer juntos todos los días a las tres de la tarde; no nos hemos encontrado aún y sentimos como si hubiéramos fracasado.

Yo quiero a mi Única Persona (más, si es posible), o por lo menos saber quiénes eran mi gente y cómo trabajaban, como un cuchillo de amistad de la Armada Suiza. Como cuando hago un encargo, que aparece lo que pido, pues igual si fuera una persona. Quiero saber que, si tengo un problema en el trabajo, puedo llamar a esta persona. Si lucho con problemas de salud, puedo llamar a esta persona. Quiero una caja de herramientas, y quiero conocer y confiar en mis herramientas. Si tengo el más mínimo problema con cualquier cosa, llamo a esta persona. Quiero una caja de herramientas y quiero conocer y confiar en mis herramientas. Quiero saber exactamente qué tipo de llave inglesa necesito para cada reparación, y quiero que él esté ahí cuando le busque. Y sé que él es mi gente, lo sé. Pero quiero tener la certeza. Poder marcar un número y saber que cogerán el teléfono. Poder enviar un mensaje a alguien y hacerle saber exactamente lo que necesito en ese momento. Tener a alguien que haga todo lo que pueda para apoyarme, igual que yo lo hago por él. Alguien con quien pasar la vida.

Y la vergüenza de no ser capaz de lograr eso aún se asentó y atravesó todas las grietas que ya tenía de la vergüenza que había llegado antes. «Porque no me lo merezco», pensamos. «Eso tiene sentido». Hablamos abierta y libremente sobre la vergüenza corporal, como deberíamos hacer con propiedad, pero no hablamos sobre la vergüenza que nace de ver constantemente a otras personas tener amistades amables, consistentes y fiables, como si todo el mundo tuviera eso y tú no, eso es superextraño, ¿qué te ocurre? Me refiero a esa vergüenza sobre las relaciones.

¿Qué indica eso sobre ti, que no puedes encontrar fácilmente a cuatro o cinco personas que te entiendan siempre, que te hagan sentir que te ven, que anticipan toda posible necesidad e intentan a toda costa protegerte de sufrir dolor? Y si alguien hizo que sintieras dolor, por qué no se abalanzaron y te protegieron mientras llorabas durante días, que es algo que ocurre a todo el mundo, por supuesto. ¿Por qué no pudiste encontrar eso, tan fácilmente, en la tienda de la esquina, como hicieron todos los demás, tú, verdadero bicho raro?

¿No pudiste encontrar personas que fueran básicamente terapeutas para tus experiencias traumáticas, con profundas fuentes de empatía y compasión, que siempre entendieran qué raza, sexo y clase te ha afectado personalmente? ¿POR QUÉ? Soluciona eso.

Pero el problema consiste en que esto, una parte de la vida, no podemos limitarnos a arreglarlo saliendo y eligiendo, porque encontrar amigos –reales, verdaderos amigos– conlleva una suerte y un privilegio extremo, así es. Y uso la palabra *privilegio* porque es algo que mucha gente no tiene suficiente suerte como para encontrarlo, pero hablamos sobre ello como si todo el mundo lo tuviera. Y la verdad es que es más probable que lo consigas si tuviste una buena niñez y unos padres amorosos. Y separándolo de esos hechos y colocándolo directamente sobre los hombros del mérito, representa una crítica de tu carácter.

Admitir públicamente que, en realidad, no tienes amigos, que aún no has encontrado a tu gente, que has tenido muchas personas inapropiadas en tu vida, es tan visceral que puedo sentirlo cuando hablo sobre ello. Puedo sentir el juicio, el «o nos atreveremos a hablar de eso», una formalidad de las normas que nos han pedido cumplir.

Por supuesto, no hay un reglamento establecido, pero sé que muchos de nosotros hemos tenido mensajes parecidos sobre lo que significa la amistad, dependiendo de la cultura, la comunidad y el sexo.

El mensaje que vi en los medios de comunicación fue que las amistades se clasificaban en dos categorías: o señoritas conocidas con *amie-nemigas* o un grupo de tipos raros agresivos que se han aceptado los unos a los otros de la manera que el mundo no lo ha hecho.

Como persona que no tuvo la base de una familia muy unida, yo soñaba con un mundo en el que alguien me haría daño, leve o gravemente, y el ofensor «tendría que tratar con *nosotros*». Yo quería apoyo.

No sólo yo, sola en el mundo, siendo consciente de que tenía que ser mi propio ayudante.

Estos pensamientos se propagaron por mi interior, mientras buscaba personajes de ficción para identificarme con ellos en los medios de comunicación conocidos. *Veronica Mars*, quien perdió a todos sus antiguos amigos debido a una experiencia traumática, aún tenía a su increíble padre y a su amigo Wallace, a quien veía todos los días, y ellos estaban siempre a su lado, sin importarles nada. No obstante, la gente que la rodeaba parecía insinuar que eso no era suficiente, que eso era algo desafortunado, un premio de consolación. Lo cual tiene sentido porque en el instituto no puedes tener sólo un amigo. Pero puede ser difícil observar a alguien que tenga mucho más de lo que tú tienes, a quien han representado como alguien que no tiene nada. Entonces, ¿qué tienes? ¿Menos que nada?

¿Qué sucede si incluso los mayores solitarios que ves representados en el mundo siguen teniendo su gente? Siguen teniendo a alguien a quien ven todos los días, que siempre los eligen, que se reúnen, se alegran, se quieren.

Es radicalmente diferente cómo definimos la amistad entre los hombres y las mujeres. Muchos ejemplos de los medios de comunicación muestran que la amistad para los hombres es ver el partido (¿), abrir una botella fría (¿), nada de abrazos a menos que consistan principalmente en darse unos a otros palmaditas en la espalda que podrían dejar un moretón (¿), quejarse de cómo su mujer les tiene hasta las pelotas (¿), y ayudarse en una pelea en un bar. Creo que he enumerado todos, y por Dios que resulta deprimente.

Sin embargo, ¿es mejor en el caso de las mujeres? Sí, pero no mucho. Las amistades femeninas que solemos ver parecen clasificarse en dos categorías: 1. Amistades profundas muy empoderadas que nunca han tenido problemas, o 2. Amistades que están repletas de manipulación y competición, pero también de amor. En esos casos habremos unido activamente una conducta tóxica con amor y habremos dicho «¡Guau, eso es maravillosamente humano! Eso que hay es todo amor». Y aunque me encantan las descripciones de cómo pueden ser las amistades femeninas complicadas y desorganizadas, no me gusta que me digan que es normal que las amistades femeninas sean deportes de competición pasivo-agresivos. O que se nos ha enseñado que «la molona» debe tener «el feo» que la adora y hace que ella siga siendo humilde. Que hay sólo un amigo guay, molón y amable, y que el otro es un viejo montón de calcetines con unos cuantos chistes. El buen dios nos ha colocado un camino de cadenas horribles: al diablo con estos temas.

Por supuesto, hay muchas excepciones hermosas en la cultura popular. Principalmente la amistad de Almas Gemelas Platónicas, para toda la vida y dedicadas en profundidad, como la de Anne Shirley y Diana Barry, dedicadas profundamente, con una amistad platónica de almas gemelas en *Anne of Green Gables*. (Aunque su amistad se puede decir que consta de dos personas que están totalmente enamoradas la una de la otra, pero eso es tema para otro libro). Pero, si existen unas Almas Gemelas Platónicas así, ¿dónde encuentras esa devoción que te persigue durante la adolescencia, se traslada a la edad adulta y se convierte en matrimonios y niños y carreras profesionales nuevas y emotivas? ¿Dónde encuentras esa amistad mágica y poética en la que ambos circuláis por vías paralelas –aunque no sean exactamente el mismo camino–, en personas que se siguen relacionando profundamente, no sólo como las personas que fuisteis en cierta ocasión, sino también como las personas en las que estáis convirtiéndoos constantemente?

Yo ni siquiera soy la persona que fui el año pasado o hace unos meses, lo cual es cierto para muchos de nosotros que trabajamos activamente para desaprender y reprogramar cosas que nos dijeron, cosas que nos dijimos a nosotros mismos, cosas que nos permitimos aceptar. Tener a alguien que crezca a tu lado y cambie junto contigo, y con la que no pierdes el contacto, es muy raro. Es mucho más normal, aunque muy doloroso la mayor parte del tiempo, separarse el uno del otro a medida que crecemos, sanamos y cambiamos.

Hablamos sobre cómo «simplemente crecimos separados», como si fuera una causalidad, y aunque ocurre de muchas formas porque no es malicioso ni abusivo, por Dios que. Es descorazonador. Que vuestros caminos simplemente no estaban predispuestos a seguir cruzándose. Se rozaron brevemente, y eso fue todo. ¡En verdad, no mostramos eso en los medios de comunicación! Oh, Dios, ¿te lo imaginas?

¿Qué ocurre si todas las repentinas Rachel y Monica, de *Friends*, simplemente empezaran a hablar menos, hasta que no hablasen nada en absoluto? El programa de televisión ARREGLARÍA ESO. Lo tratarían como si un fuego de cuatro alarmas irrumpiera en ese apartamento, West Village, imposiblemente grande y de alquiler controlado. Simplemente no se ha hecho (existen raras excepciones, como en *Insecure* y *And Just Like That*, si bien merece la pena señalar que la última probablemente nunca habría tenido ese argumento si Kim Cattrall no hubiera abandonado el programa precisamente porque tuvo lugar una especie de distanciamiento con su amistad fuera de cámara). Y puesto que rara vez vemos a alguien hablar sobre rupturas de amistades, hemos internalizado que es mejor seguir con una amistad que no funciona, no sea que cometamos el pecado capital de ponerle fin.

Si nos enfrentamos con la posible ruptura de una amistad, muchos de nosotros haremos lo que haga falta para solucionarla, intentaremos fijar la clavija cuadrada en un agujero que ahora es muy redondo. Nos han enseñado a hacer cualquier cosa por las personas que queremos, aunque ya no funcione. «Requiere trabajo», dirá la gente, y tienen razón. El amor, las amistades, todo eso funciona. Pero sigue siendo una cosa peligrosa contárselo a la gente sin ninguna explicación más.

Porque muchos de nosotros, yo misma incluida, hemos internalizado que mientras pensamos «Bueno, esta relación me está matando, pero ¿sabes qué? Voy a arreglarla en mi trabajo a tiempo completo, a pesar de que creo que las relaciones son una colaboración entre dos personas que la hacen funcionar, ¡pero como quieras! Creo que esto es amor, ¡así que voy a hacerlo!».

Intentamos hacer funcionar algo que simplemente está roto, eso que tal vez ni siquiera rompimos. Porque nos han vendido la idea de que el amor es todo lo que importa, por lo que deberías dar todo lo que tienes para hacer funcionar algo. Incluso cuando es perjudicial, incluso cuando la otra persona no ayuda en ese proyecto de grupo, incluso cuando es posible simplemente recorrer el camino. Y seguimos adorando ese altar, a pesar de que está cubierto de cristales rotos que nos cortan cada vez que nos arrodillamos.

Tampoco te interesa rendirte demasiado pronto, así que esperas que «Merecerá la pena, esto es sólo un burdo parche». ¡Y puede que lo sea! Pero un burdo parche no suele durar meses y causa años de dolor.

Puedo sentir que sólo tenemos dos opciones: la primera es la sencilla amistad en la que cada uno conoce del otro toda su vida, siempre estamos juntos y siempre estamos bien; y la otra, que no es suficiente lo que queremos, pero es lo mejor con lo que contamos en este momento, por lo que tenemos que trabajar constantemente en ello, aunque a menudo sea doloroso. La primera no parece accesible a muchos de nosotros, ni realista, pero la segunda parece un agotador trabajo a tiempo completo que quiero abandonar incluso antes de comenzar. ¿Cuáles son los beneficios? Bueno, tú consigues decir que tienes un «mejor amigo». «Ésa de ahí es mi CHICA». Por lo menos puedes intentarlo. Puedes jugar en casa. Puedes traer helado, hacer máscaras faciales, hacer trenzas con el cabello del otro e intentar hacer que funcione, intentar transformarlo en lo que se supone que es.

Y creo que muchos de nosotros hacemos eso, o al menos lo hemos intentado. Hemos intentado ser como los amigos de la televisión, las personas que deseamos que fueran, vinculados como creemos que deberíamos estar. Y nos encontramos a nosotros mismos, o a otras personas, sin cumplir el proceso. ¡Porque tal vez eso ni siquiera funcione para nosotros! Quizás no seamos ese tipo de personas con «máscaras para la cara y helado, ni que nos pongamos las vestiduras apropiadas mientras vemos comedias románticas». Tal vez no seamos esa clase de personas de «Veamos el partido con una fría, hermano». Puede que no estemos diseñados para estos arquetipos, y después ¿adónde vamos? ¿Cómo manejamos esto, cómo comunicamos lo que queremos que parezcan nuestras amistades ideales, como si nunca las hubiéramos visto antes? ¿Nunca lo has experimentado? Y si haces un nuevo amigo siendo adulto, ¿cómo le dices que en realidad todavía no has tenido uno?

Conlleva mucha sensibilidad, en algunos aspectos mucho más que en una relación amorosa, y decir «Venga, así es como quiero que sea nuestra relación y como la quiero sentir. ¿Quieres también eso?». La ansiedad de este concepto es muy intensa. Y la percibí de primera mano recientemente.

Hice una amiga el año pasado, llamada Jen. Ella es, *ugh,* ni siquiera puedo empezar a contarte. Es guapa, talentosa, lista, cálida, cariñosa y amable, y empezamos a pasar cada vez más tiempo juntas. Ella siempre me hacía sentir que estaba atendida, bien vista y apoyada de verdad. Así que, naturalmente, nuestra amistad me ponía ansiosa constantemente, pero merecía la pena en todos los sentidos.

Una noche estábamos pasando el rato juntas y yo quería coger algo que tenía en un Grupo Libre de Internet (en el que las personas de tu vecindario regalan cosas que ya no necesitan, como una forma realmente hermosa de ayuda mutua que a mí me encanta). Yo quería ir caminando los tres kilómetros para llegar al sitio apropiado y ella dijo «¡Iré contigo!». La potencial mejor amiga de verdad la tenía allí mismo. Alguien que está dispuesta a cualquier cosa porque quiere estar contigo.

Mientras caminábamos por la ciudad durante la puesta de Sol, viendo el cielo de color naranja y las calles vacías, caminando deprisa, de esa forma entusiasmada con la que sientes que tienes un cómplice, hablamos sobre *Broad City*. No recuerdo quién sacó el tema al principio, pero yo dije que las dos éramos realmente Abbis, aunque yo parezca una Ilana.

Jen dijo que ella deseaba ese tipo de amistad profunda, «viéndote todos los días, hasta que muramos», e insinuamos, por nuestra referencia a ese programa de televisión, que nos queríamos, que sentíamos eso la una por la otra. Potencialmente. No te inmutes porque te lo perderías, pero yo sabía lo que queríamos decir. Y me encantaba la idea que eso conllevaba. Y entonces, inmediatamente, me puse en modo de planificación.

Mi mente empezó a correr: *¿Entonces qué deberíamos hacer ahora? ¿Nos hacemos un tatuaje las dos juntas? ¿Reservamos un viaje para chicas? ¿Intercambiamos collares con poco entusiasmo?* Pero en cuanto pensé esas cosas, me sentí preocupada porque lo estaba interpretando mal, preocupada porque quería eso tanto que estaba demasiado estimulada por ello.

Cuanto más tiempo pasaba con Jen, más la adoraba, y quería, no sé, ¿hacerlo público? Pero ¿en qué consiste eso? La ansiedad de qué hacer, cómo hacerlo, qué era lo apropiado, lo que era aceptable y de que sería rechazada si mencionaba algo o si decía algo inapropiado, me llevaba a apartarme un poco de ella. Seguí enviándole mensajes, pero dejé de ir a verla con tanta frecuencia.

Mi exceso de darle vueltas al tema se había convertido en *espera, yo siempre concierto nuestras citas, ¿la estoy molestando?*, y empecé a hacerlo menos. Y cuando ella no echó de menos tanta actividad, lo interpreté como prueba de que yo tenía razón. Pero en el fondo yo sabía más. Ella acudió a mis representaciones y me ayudó en el trabajo en Internet, y en cualquier momento en que le pedía consejo sobre mis dibujos, ella me escribía algo hermoso, razonado y cálido. Yo me ponía en contacto con ella y le preguntaba por su vida, y me sentía estimulada cuando ella ideaba nuevos proyectos artísticos y publicaciones de su trabajo en las redes sociales, y le decía el exceso el talento que tenía y que luchara para lograr cualquier pequeña cosa que quisiera.

Finalmente, empecé a darme cuenta de que «Lane, tienes que ir a verla otra vez. La echas de menos. Es tu amiga». Así que hice planes para acudir a su vecindario por primera vez en meses, y ella me llevó a almorzar.

Mientras charlábamos, ella volvió a hablar sobre que deseaba una amistad profunda (el tipo que ambas claramente queríamos tener), y yo me quedé allí parada como una niña de trece años, enamorada platónicamente de su mejor amiga, queriendo decir «Creo que ya tenemos eso. Podríamos tener eso. Tengámoslo». Pero yo no lo tenía. Me sentía demasiado asustada y tal vez un poco obligada a decir: «¿Puedo pedirte formalmente ser tu mejor amiga?».

Porque la verdad es que, después de graduarme en la escuela, no sé cómo funciona eso correctamente, ¿simplemente pasáis cada vez más tiempo juntas, eso ocurre y después te limitas a reconocer qué es lo que pasó y que eres como un *grito de aliento*?

Si ingresaste en la población activa aproximadamente en los veinte últimos años, es probable que hayas trabajado mucho más que las típicas cuarenta horas que se suponía que tus padres y sus padres tenían que trabajar para «llegar a lo más alto». Y de algún modo, dentro de esa semana, de a veces sesenta a ochenta horas de trabajo, aún se espera que tengas buenas amistades y una buena vida, pero ¿cómo puedes hacer eso cuando todo el mundo está cansado y ocupado? Cada semana tal vez sólo tendríamos muchas horas de sobra, tanta energía que pudiera sentirse abrumadora para dedicarla a una nueva persona que esperamos que se convierta en alguien importante para nosotros, pero no podemos estar seguros. «La vida se interpone en el camino» parece ser más cierto en todo momento. Y «sólo pasar el rato y ver lo que ocurre» se hace cada vez menos posible, puesto que todas las amistades que piensas desarrollar conllevan tiempo, planificación y esfuerzo, por lo que quizás dudes, con razón, de iniciar otra nueva.

Cuando Jen fue conmigo al metro, le pregunté si quería volver a hacer algo pronto. A menudo yo le enviaba mensajes sobre lugares de la ciudad que parecían molones: exposiciones de arte, exhibiciones de museos, cosas de buenas amigas. Yo quería ver el mundo con ella, a su lado quizás, si ella también lo quería. Ella dijo que le encantaría, en cuanto finalizara un proyecto.

Y de nuevo apareció la ansiedad. ¿Qué ocurriría si ella no quería y el trabajo frenético era una forma muy educada de decir que no? Pero, además, ¿qué ocurriría si yo me implicaba más que ella? Esto surge a menudo en las amistades, en las que las agendas no pueden compatibilizarse, y en verdad puede ser que te quieran ver más, pero aún no es el momento adecuado. Igual que planificar citas, si tú quieres que seáis amigos íntimos, la otra persona tendrá tiempo, tú tendrás tiempo, la planificación será sencilla, o al menos se convertirá en algo más fácil. Si está destinado a ser así, ocurrirá.

Hay mucho sobre hacer amistades que es similar a las relaciones amorosas, aunque nos guste diferenciarlas, como si la amistad fuera algo fácil e innato, y las relaciones amorosas fueran complicadas y abrumadoras. Pero intentar tener el valor de entregar a alguien una hoja de papel que diga «¿Quieres ser mi amigo? Elige sí o no» encima de la mesa no es menos aterrador que preguntar a una pareja amorosa «¿Qué somos nosotros? Porque me gustaría que estuviéramos juntos». Requiere el mismo riesgo, el mismo valor, la misma esperanza en que funcionará y que seremos aceptados.

No hay un código engañoso para eso, o yo lo habría encontrado, créeme. Nos tenemos que limitar a dar el salto y esperar a que nos recojan.

En el momento en que escribo esto, Jen y yo seguimos siendo amigas. Yo la ayudo tenazmente mediante la energía que emito cuando miro fijamente y con amor sus publicaciones en Internet. Me gustaría que fuera como un constante flujo de amigas a mejores amigas, como se ve en las películas, pero tal vez en este mismo momento sea exactamente como debe ser. Quizás no llegamos a conocernos cuando teníamos trece años, puede que las dos estuviéramos nerviosas, o sólo yo, o tal vez así es simplemente como comienza nuestra amistad. Y se tardará años en desarrollar, giros y vueltas que nos llevarán a estar incluso más unidas dentro de unos años, cuando sea el momento adecuado.

Y tal vez lleguemos a escribir juntas nuestra historia, exactamente como las personas que somos. Y puede que sea realmente buena, de verdad. Y si no, tenemos que confiar en que dispondremos de otro intento para volver a ser valientes con otras personas.

Sobre mantener a la gente a cierta distancia para no volver a sufrir daño

Quiero tu calor, pero sólo me hará sentir más frío
cuando termine.

Fiona Apple, «Love Ridden»

Cuando era niña, de más o menos nueve años de edad, recuerdo que los amigos por carta eran una cosa muy normal, que no se consideraba propia de perdedores. Excepto ahora, que pienso en ello, ¿quizás lo era un poco? Dudo mucho de que las Chicas Molonas (subjetivo) de mi instituto se escribieran correos electrónicos con alguna chica montañesa de Montana y soñaran con cómo debe ser su vida, y si eran como Kirsten, de las muñecas de American Girl, pero con más electricidad y tuberías en el interior de la casa. Si eras un poco romántica, un poco con mala onda, un poco extraña, o simplemente un tipo muy curioso de persona, las amigas por correspondencia estaban hechas exactamente para ti, como la publicidad personalizada. (¿Pero enviada a ti por la líder de tu tropa de las Girl Scouts o algo así? Sinceramente, no recuerdo cómo ocurrió, pero un día simplemente empecé a conseguir direcciones de chicas jóvenes que querían escribirse con desconocidos. Visto en retrospectiva, apuesto a que toda esta operación podría haberse hecho evaluándola un poco más).

Nos dijeron que era educativo hablar con alguien de nuestra propia edad que tuviera una vida ligeramente, o muy diferente, de la que nosotras teníamos. A menudo, las cartas estaban escritas a mano, tenían pegatinas, fotografías y paisajes en pequeño: álbumes de recortes preparados con amor, basados en las facetas de nuestra vida que nos sentíamos cómodas de compartir con una extraña en todos los sentidos.

Yo nunca sentí que mis cartas de amigas por correspondencia fueran así de buenas. Siempre he tenido mala caligrafía, lo cual atribuyo a que mis manos son incapaces de alcanzar la velocidad con que mi cerebro procesa las cosas, así que simplemente se presentaban como «aquí hay dos letras legibles y un montón de garabatos frustrantes, porque yo lo intentaba y después pasaba todo a máquina». Pero mis amigas por correspondencia (debo haber tenido por lo menos tres en distintos momentos de tiempo) siempre se presentaban todas con las pegatinas que he mencionado, con pequeños garabatos delicados y excelente caligrafía; e incluso cuando no eran superlegibles, resultaba encantador ver la caligrafía de otra chica, sentirse elegida. Ser algo para alguien, aunque yo supiera que para ellas no significaba mucho necesariamente, parecía increíble. Hablabas de tu ciudad, de cuántos parientes tenías, de los libros que te gustaban, y eso era todo. Era algo muy limpio, muy formal, y para bien o para mal tenía su final.

He oído historias de amigos por correspondencia que mantenían su amistad durante años, lo cual parece muy hermoso, pero mis experiencias con amigas por correspondencia eran breves. Yo quería conocer sus entornos, y un día, intencionalmente o no, mi amiga por correspondencia simplemente dejaba de escribir. ¿O se había muerto? No podías saberlo. Pero no podías enviarle mensajes ni correos electrónicos. (Bueno, podías, pero 1. No conocías su dirección *e-mail*, 2. Eso arruinaba la mística de lo que hacías, y 3. Posiblemente les daba miedo, porque dejaban de escribir, a lo cual tenían derecho). Las amigas por correspondencia que no volvían a escribir eran en realidad imágenes fantasma originales y cortaban como un cuchillo muy bonito pero afilado.

Algo sobre este potencial de la intimidad, combinado con la seguridad de la distancia, permanecía a mi lado mientras combatía las decepciones de mis años de niñez y adolescencia. Y, en cualquier momento en que me mudaba, solía convertirme en buena amiga de personas *después* de haberme marchado, aunque sólo hubiera sido un poco amiga de ellas cuando vivía cerca. Estoy segura de que en algún grado sentía que esto era lo mejor de ambos mundos: la pertenencia, la compañía y las bromas privadas, además de una forma de expresar mis pensamientos y sentimientos, sin el peligro de estar demasiado cerca y de quedar decepciona por su culpa, o algo peor.

Ya había visto bastante de eso. Por tanto, iba a probar en Internet.

Siempre me habían encantado las relaciones parasociales, mucho antes de saber lo que eran. Las relaciones parasociales son relaciones con personas que no conoces en realidad, pero que crees que sí. En su mayoría suelen ser relaciones con personas famosas cuyo trabajo te encanta, pero yo razonaba que fácilmente pueden ser sólo personas con las que interactúas en las redes sociales, en grupos de ayuda o en cualquier tipo de comunidad de Internet que tengas al alcance de las yemas de tus dedos, pero normalmente no van mucho más allá de eso. Tal vez no conozcas su nombre completo, o ni siquiera dónde viven o cómo son, pero te gusta de verdad hablar con ellas de vez en cuando o leer las cosas que escriben. Y estas amistades pueden ser significativas, aunque no cumplan la definición clásica.

La belleza de las relaciones de este tipo es que en cualquier momento puedes publicar algo en esos grupos o páginas, y cuentas con una comunidad instantánea, una retroalimentación instantánea y una ayuda instantánea. Pero, puesto que no tenemos la relación de «charlamos todos los días» o el «nos vemos cada viernes por la noche mientras estamos entre bastidores o nos hacemos la manicura» (éste parece un día muy complicado y no sé por qué es al que recurrió mi cerebro, pero ahí lo tenemos), puede ser fácil olvidar que existen y también seguir sintiéndote muy solo.

Los amigos exclusivamente por Internet me parecen más indefinidos porque, según dicen, lo son. Alguien que en realidad no te conoce sólo sabrá sobre ti por lo que publicas, por lo que lee y cómo lo lee ese día en concreto. Por tanto, resulta muy real la posibilidad de que malinterprete algo que has dicho y que decida que no le gustas. Estas cosas ocurren. Y si luchas contra el miedo en tus amistades del mundo real, con que un día digas algo que alguien entienda mal y seas castigado, ver ese temor hecho realidad en Internet es igual de descorazonador. Aunque no conozcas completamente a esa persona. Porque activará la parte de ti que cree que es algo normal que las cosas resulten poco convincentes, y que ese miedo puede exacerbar esos sentimientos en las amistades del mundo real, cuando las encuentres.

Porque sí, es posible tener problemas de abandono con extraños totales. Lo sé muy bien.

Sin embargo, si tienes ese tipo de amistades y puedes apartar esos miedos y soportar esas tormentas si, y cuando, surgen, es muy fácil querer llevar las cosas al siguiente nivel. Y eso podría parecer diferente para todos nosotros: tal vez en realidad sea hablar por teléfono o enviar mensajes, en lugar de comentar mutuamente nuestras publicaciones, sólo algo que parezca un poco más «la cosa real», aunque sea a larga distancia.

Mi primera amistad a larga distancia fue con Delia. Y vale la pena señalar que nos conocimos gracias a un hombre, cuando yo era adolescente, y creo que hay una razón para eso.

Las mujeres muy a menudo nos sentimos motivadas por la idea de que deberíamos volcar todo lo que tenemos sobre los hombres: Atraer su atención; mantenerla; estar rodeada de amigos masculinos. Porque los hombres son «menos complicados», ¡y que los hombres piensen que tú molas es la mejor popularidad que puedes tener! «En las mujeres no se puede confiar, son muy dramáticas, demasiado malintencionadas, siempre llevan algo con ellas, tienen dos caras y los hombres sólo te cuentan algo si tienen un problema contigo». Estas creencias internalizadas, junto con mi creencia profundamente defectuosa de que el amor romántico me salvaría, mucho más de lo que la amistad haría o podría, me hicieron pasar mi adolescencia y mis primeros años de la veintena buscando páginas web de citas y redes sociales como forma de conocer a «amigos» masculinos: visto en retrospectiva, esto significaba que los hombres obtendrían todos los beneficios de tenerme como novia, pero sin ninguna cita o necesidad de presentarme físicamente o de aportar alguna inversión más. Ellos conseguían la intimidad emocional, el trabajo emocional, la chica guay que les escuchaba y les entretenía, todas las cosas que los hombres obtienen de las mujeres que se mantienen a cierta distancia, mientras que ellos no hacían nada a su vez excepto existir. Y nosotras permitimos esto porque esperamos que un día eso se convierta en algo más, que ése tal vez sea el comienzo de nuestra historia de amor.

Por todo lo que sé, eso convenía a estos «amigos» masculinos de la misma forma que a mí: conseguir tener una relación sin los aspectos alarmantes. Una noche, durante esta época, mientras hablaba por teléfono con uno de esos «amigos» masculinos, Kevin, a quien había visto por Internet exactamente en una fotografía que le favorecía y con quien desarrollé inmediatamente una profunda intimidad (cero estrellas, no lo recomiendo), dijo: «Oye, mi amiga Dex está aquí, y en verdad tú me recuerdas mucho a ella. Creo que vosotras os gustaríais mucho la una a la otra, ¿te pongo en contacto con ella?». Y yo dije «Por supuesto», sin dudarlo, e imagino que ella también, porque lo siguiente que supe era que ella estaba en contacto conmigo.

Su nombre, descubriría después en la charla telefónica, en realidad es Delia. Por eso me sentí confusa cuando le oí llamarla Dex cuando me la presentó. Inmediatamente mi cerebro registró esto como «Oh, vaya, él la conoce tan bien que se llaman mediante apodos. ¿Su nombre es Delia y la ha llamado *DEX*? ¿Y están en la misma habitación pasando el tiempo juntos? Es evidente que tienen una amistad muy íntima, y yo me encuentro fuera de lo que es un vínculo profundamente establecido. Deben de mantener todos los secretos en la Verdadera Amistad, y yo sólo estoy probando a jugar un papel menor».

Delia me dijo años después que la única persona que la llamaba Dex en aquella época la había conocido en el colegio de enseñanza media, un día Kevin escuchó a uno de sus pocos amigos del instituto llamarla Dex y decidió usar ese apodo tan íntimo, que ella pensaba que era extraño, una especie de intimidad obligada por su parte que ella realmente nunca entendió y que dejó pasar. Pero, volviendo a lo mismo, parecía como si todo el mundo excepto yo llevase su vida «correctamente», para oír años después que en realidad su amistad estaba llena de frustraciones sobrecogedoras, falsos indicadores de intimidad donde realmente no había ninguno, y los elementos de «Eh, esto te funcionará por ahora» –todo lo cual era en verdad mucho más explicable de lo que pude saber cuando nos conocimos– fueron una revelación.

Tal como recuerdo, mi conexión con Delia fue instantánea. Coincidíamos en las películas de los años noventa, en Nina Simone y Amy

45

Sedaris, y en llevar un grueso abrigo de armadura sobre una vida de experiencias traumáticas y aislamiento que nos había dejado a ambas abiertas simultáneamente a cualquier cosa, y temiendo todo. ¿Qué era lo peor que podía ocurrir al hablar durante unos minutos a una chica guay que vive lejos? ¿Me decepcionó? Había ocurrido antes. Merecía la pena tirar los dados porque ¿qué ocurría si esta vez era diferente?

Unos pocos minutos se transformaron en unas cuantas horas, caminando en torno a mi apartamento, compartiendo todo del modo que lo haces cuando algo de la relación se siente especial, se siente diferente, se siente destinada a algo. Sólo puedo suponer que Kevin permaneció cerca de Delia la mayor parte de esa noche, con los ojos vidriosos, elegido en ese momento para ser un chico muy especial o lo que fuera, y siendo consciente de que su papel había quedado relegado a ser un medio para conseguir un fin. Él había deseado por completo que esa llamada telefónica fuera una cosa testimonial: «¿Ves? Deberías quedar conmigo, conozco a mujeres molonas. Yo soy un buen chico», que Delia ahora recuerda que él se lo había hecho a algunas mujeres en esa época. Y en su lugar las dos decíamos «soy buena», la forma en que contestas cuando alguien intenta darte un panfleto en el metro.

Ni siquiera recuerdo el final de nuestra llamada. Para mí, hablamos una vez y simplemente nunca paramos. Toda nuestra amistad ha sido sólo una larga llamada telefónica que yo quería que durase para siempre. Pero sí sé que nos dimos los números de teléfono, y que ella me dijo, me avisó incluso, de una forma desenfadada, sin darle importancia, que probablemente no la conociera mucho tiempo porque ella no confía en cualquiera, y la gente siempre es imbécil. Recuerdo haber sonreído y decir «De acuerdo, veremos».

Lo importante es que, cuando la mayoría de las personas te oye decir cosas como esa, estoy segura de que salen corriendo. Estoy segura de que se molestan: «¿Cómo te atreves a pensar eso de mí? Eso daña mis sentimientos». Y apuesto lo que sea a que así es. Cuando no sabes lo que es tener que avisar a alguien de que tenga más cuidado contigo porque te han hecho mucho daño antes, pero que en realidad te encantaría que fuese diferente, que fuese mejor, escuchas eso y quieres salir corriendo. Pero yo sabía qué era tener que decir eso, cuántas veces probablemente habría dicho eso, esperando que alguien le demostrase que ella se equivocaba. Le oí decir eso a Delia y quise quedarme allí.

Delia y yo veíamos películas juntas, hablando por teléfono (diez estrellas, lo recomiendo), yo leía sus escritos y me extasiaba, y ella leía los míos y le encantaban. En realidad, yo nunca había enseñado mis escritos a nadie, así que sentí lo que yo imaginaba que era Fran Lebowitz siendo amigo de Toni Morrison. ¿Alguien talentoso, sabio e increíble, piensa que soy una gran escritora? Eso es el paraíso.

Cuando nos vimos por primera vez, Delia tenía esas amigas mágicas, Margaret y Zoe, y puedo describírtelas como si fueran personajes de una película que veía una y otra vez, porque yo vivía indirectamente a través de lo que percibía que para Delia era tener amigas y experiencias normales con las que aún yo no tenía relación. ¿Margaret era una artista con el pelo rojo, era muy guay, y tal vez tenía un trabajo en el que hacía algo con mascotas? ¿Fotografía? Supongo que esa parte de la película no era para mí tan interesante como su corte de pelo, que recuerdo que molaba mucho. Y Zoe era una Chica Molona, como yo aspiraba a ser en las raras ocasiones en que salía de casa. Pero ella *en realidad* salía de su casa y acudía a fiestas y aperturas de galerías; se ponía su maquillaje todos los días, siempre conjuntaba ropas increíbles y nunca aparentaba estar demasiado triste para aplicarse lápiz de ojos, etc.

Yo escuchaba a Delia hablar sobre el trabajo tan guay de Zoe en Nueva York, en una revista de moda, y a Margaret haciendo… de nuevo no tengo ni idea, y era como mi propia privada *Sex and the City*. En ese momento yo tenía doce años y era incapaz de entrar de verdad en bares, tener amigas y un buen trabajo en Nueva York, ¿y entonces tenía que ver eso en el canal HBO? No, acababa de terminar el instituto y era totalmente capaz de hacer esas cosas, pero sanar profundamente de algunas experiencias traumáticas y sentir como si mi vida estuviera en modo *pausa,* mientras que otras personas tenían que mantenerse viviendo las suyas. Era como ver otra versión de mí misma, pero interrumpida, en la que no era una chica.

Durante años, nuestra amistad decaía y florecía, tenía momentos estupendos y momentos peores, nunca estuvimos en la misma habitación y rara vez ni siquiera en la misma costa. Y en aquel tiempo, Delia se deprimió en extremo y aparecieron sus creencias sobre «gente que siempre la decepcionaba, personas que no permanecían a su lado», incluso tenía más motivos. A medida que se agravaba su depresión, Margaret y Zoe ya no la consideraron «divertida», así que fueron abandonándola. Por aquel tiempo, Delia me tenía sólo a mí y a otros amigos a larga distancia en que apoyarse. Nosotras dos sin duda no pertenecíamos a la mayoría que era normal, en absoluto. No era el grupo de chicas que cada fin de semana veías andar sobre margaritas. Yo no tenía ni idea de qué tipo de amistad era, ni cuando/si venía, con ella o con cualquier otra persona.

Esto era la ampliación de un hábito que me había formado con mis amigos por correspondencia: muchas de mis amistades íntimas eran con personas que vivían muy lejos. Ahora puedo ver por completo que, inconscientemente, la distancia me permitía sentirles menos amenazadores para mí. Si no lograba estar demasiado cerca de ellos, y mejor aún, físicamente no podía estar cerca de ellos, era menos probable que me hicieran daño: seguridad a todo coste.

Desde que hablamos por primera vez, Delia y yo hemos estado en la misma habitación tres veces en el transcurso de muchos años, y ella sigue siendo, por mucho, la cosa más cercana que tengo para decir que «nos conocemos desde que éramos niñas». Es divertido lo que quiere decir «niños» para personas en distintas edades de sus vidas. Ahora veo una película de niños y observo a la chica de trece años decir «¡Ahora soy prácticamente una adulta!», y me sentiré tanto asustada (nota al margen: si eres una chica adolescente, por favor, no dejes que algún hombre de veinticuatro años te diga que eres una adulta) como entretenida porque sé que fui una niña hasta que tuve veintiuno por lo menos, y tal vez incluso hasta los veinticinco, que es cuando tu cerebro está totalmente formado.

A distancia o no, tradicional o no, es importante contar con la seguridad básica de alguien, en algún sitio por ahí, que incluso brevemente satisfaga esa necesidad de ser vista, de ser apoyada. Esto nos hizo mucho más fácil hablar por teléfono sobre nuestras cosas diarias y dar de verdad un paso adelante, hacia el tipo de intimidad que tienes cuando llevas cinco años con esa otra persona.

Delia ahora es mi amiga más antigua. ¿Pero era así de sencillo? ¿Eliminé «hice una amiga» de una lista y seguí adelante? No, en absoluto. La amistad decaía y florecía, y a veces no hablábamos durante años. A menudo charlamos sobre «mi amiga más antigua» en términos de años –«¡Nos conocemos desde que teníamos doce años!»–, y la expectativa es que os conocéis todo ese tiempo, que os visteis durante todo él. Pero a veces eso no es tan fácil de mantener, especialmente en la distancia, aunque quieras que lo sea.

Charlábamos y después dejábamos de hablarnos durante algún tiempo, o ella me olvidaba, y en ese espacio de tiempo aún esperábamos volver a tener relación. Mientras tanto, ¿tal vez yo empezaba a volver a relacionarme con amigos del pasado que ya me conocían algo y que yo recordaba que eran bastante molones? El bar estaba bajo el centro de la Tierra en ese momento, así que sólo necesitaba cuerpos para rellenar el espacio, como el dueño de un club que invita a gente de la calle para llenar la sala en un noche floja. Hasta que conocí a Seth.

Seth y yo nos conocimos cuando hacíamos lo posible por improvisar juntos, por lo que me sentí naturalmente sospechosa. Una noche, mientras trabajábamos gratis en la taquilla, a cambio de clases, Seth me dijo que creía que yo era una humorista increíble y que todos los demás eran estúpidos. Supuse que era un mensaje, y que él era simplemente otro tipo que no me veía como compañera, sino como alguien que me moriría por dormir con él si me hacía el más pequeño cumplido. Me dijo que estaba formando su propio equipo de improvisación y quería incluirme a mí. De nuevo, sospechoso. Después de preguntar por ahí y descubrir que el director era una mujer que me gustaba de verdad, y que el equipo tenía algunas personas realmente guais, ingresé en él. Doy gracias a Dios por haberlo hecho. Seth se convirtió en una de mis personas favoritas para hacer escenas. Era tontorrón y divertido, y me respetaba de verdad. Rápidamente me di cuenta de que antes no me había tirado los tejos y de que me trataba de la forma en que probablemente los hombres tratan a otros hombres: «Oye, eres tremenda. Trabajemos juntos». Sólo respeto básico y admiración. Nada de ataduras.

Puesto que él era maravilloso y tenía tantas cosas buenas, no te sorprenderá saber que sólo nos hicimos amigos después de mudarme.

Aquella época de mi vida estuvo llena de personas horribles, tuve la peor de las suertes y me resultaba casi imposible confiar en alguien. Seguía preocupándome: *¿Qué ocurre si de nuevo tomo decisiones inadecuadas?* Pero a veces la vida te permite formar los tipos de relaciones que se aproximan lo suficiente a lo que quieres, a la vez que son exactamente lo que necesitas en ese momento. Seth y yo volvimos a relacionarnos a un nivel más personal cuando le dije que me mudaba y él dijo: «Vaya, hombre, ¡eso no me gusta! A mí siempre me ha gustado trabajar contigo. ¿Te vas ya al aeropuerto?». Cuando le dije que no, él se rio: «¿Nadie te ha ofrecido llevarte al aeropuerto? Esta fastidiosa gente. Yo te llevaré al aeropuerto».

Seth me recogió, como dijo que haría, cogió tentempiés y me llevó en coche al aeropuerto. Una cosa tan simple estaba a años luz de cualquier cosa que hubiera experimentado antes, y creó un vínculo que se mantuvo mediante mensajes y llamadas por teléfono una vez que llegué a Nueva York. Seth era un tipo de persona muy curioso (yo también, respetadme), que en realidad no tenía amigos. Hablaba conmigo y tal vez con otra persona de forma habitual, y cuando yo le preguntaba si alguna vez había estado solo, contestó: «No. Porque tuve una gran familia». Y la diferencia entre nosotros me golpeó como una tonelada de ladrillos.

Mira, estoy segura de que hay personas que leen esto, que tuvieron esa gran familia, y que siguen necesitando amigos, por supuesto. Pero fue un momento enorme para mí, no necesariamente porque eso era por lo que necesitaba amigos, sino que estaba segura de por qué los necesitaba tanto. Tanto que era habitual que me conformara con restos y migajas, negligencias y malos tratos, lo que fuera, siempre que me permitieras sentarme contigo, ¡muchas gracias! Y después de oír a Seth decir que, sabiendo que él lo había conseguido, yo, de la forma más leve posible, empecé a perdonarme a mí misma por ser tan «dependiente», también conocida por ser alguien que necesitaba algo que prácticamente todos necesitamos: una comunidad.

Dicho esto, no puedo explicarte por qué nunca sentí que Seth y yo fuéramos amigos íntimos en mi mente, excepto decir que se reducía a unas pocas cosas:

1. Él vivía muy lejos, y aunque yo necesitaba inconscientemente esa distancia por muchas razones, era un callejón sin salida porque esas amistades pueden sentirse en gran medida como si tuvieras visiones de esta persona en tiempos de crisis, la forma en que Tom Hanks empezó a hacerse amigo de un jugador de voleibol en esa película que no he visto.
2. Seth tenía una abundancia de empatía, amabilidad y apoyo, pero procedía de un ambiente de seguridad y consistencia, y yo no, así que nunca me sentí totalmente vista de esa manera, lo que me impedía tener mayor cercanía de la que ya teníamos.

A menudo he tenido problemas para poder relacionarme por completo con personas que no han tenido que pasar por algo parecido a lo mío, que, para ser justos, siempre me parecían muy pocas (por supuesto, yo sé, al haber escrito *How to Be Alone*, que no son *tan* pocos; hay muchos de nosotros que pocas veces nos conocemos por una u otra razón. Yo, personalmente, supongo que la razón es que todos nos sentimos aterrados ante los seres humanos). Y no porque sobrevivir a las experiencias traumáticas te hagan mejor o peor, sino porque las experiencias traumáticas pueden hacerte sentir extraña, a diferencia de cualquier otra persona, y nadie podría relacionarse contigo o verte y darte lo que necesitas.

Si alguien dice «Vaya, ahora mismo mi padre está en su peor momento» y tú sabes que se debe a que su padre sólo está sobreprotegiéndote un poco desde una posición cariñosa, mientras que tu versión de «ser lo peor» conlleva experiencias cercanas a la muerte, ¿cómo diablos puedes acercarte a esa persona? Y a menudo la gente no considera de verdad estas potenciales diferencias antes de hablar. En una nueva amistad puede ser muy importante saber lo que alguna otra persona ha experimentado antes de que supongas que tu experiencia es monolítica. Si yo tuviera un amigo cuyo padre estuviera muriéndose de cáncer, no creo que fuera demasiado complicado no quejarme de cómo mi padre, estando muy sano, me llama demasiado por teléfono para decirme que me quiere y que me está molestando. Creo que es una cosa bastante fácil. Y tener que explicar todas esas sutilezas a un amigo que ya forma parte de tu vida y arriesgarte al rechazo, a que no entienda eso, a que te llame histérica o algún otro matiz de «Vaya, ¿por qué no puedes limitarte a ser como yo y tener mucha suerte?», no suele valer la pena la energía empleada.

Sin embargo, en reconocimiento a Seth, él nunca hizo eso. Dispone de la mayor empatía que he encontrado en alguien que tuvo, según él mismo admitía, «una gran familia y una niñez maravillosa». Por mi experiencia, parece que la empatía suele proceder de las experiencias vividas, y muchas veces nace de no haber gozado de empatía en circunstancias parecidas. La empatía es la moneda corriente de las personas que han estado así y que desean que las cosas hubiesen sido distintas. Y, no obstante, en muchas ocasiones, hay personas que han estado en el infierno, que han vuelto y que de algún modo han regresado con muy poca empatía hacia los demás, que se esfuerzan de esa manera o, en el caso de Seth, que la han desarrollado activamente porque se preocuparon lo suficiente para lograrlo.

La mayoría de la gente que he conocido tiene algo de empatía básica, así que existe un amplio espectro. El punto de partida de la empatía de muchas personas se fundamenta principalmente en sus propias experiencias personales, porque ahí es donde ella tiene su origen. «He pasado por esto, así que sé cómo se siente». Desarrollar más empatía, ampliarla, requiere abrir tus ojos a las experiencias de *otras* personas. Quienes han tenido sus ojos abiertos ante las injusticias o la «maldad» del mundo no suelen considerar a la empatía como algo opcional. Es innata, necesaria. Por tanto, si tú no la tienes, es en gran medida una elección decir: «Ésta ha sido mi experiencia en el mundo, pero no es la única experiencia y estoy interesado en ver el mundo exterior a mí, cumpliendo mi labor, expandiendo mi propia conciencia, y después leyendo y aprendiendo acerca de cosas que podrían hacerme sentir incómodo. Porque es aún más incómodo vivirlas».

Las personas que deciden no realizar este trabajo adicional aún pueden mostrar empatía ante cosas que han experimentado, su propia clase socioeconómica, su religión, su raza, etc. Pero la verdadera empatía es mayor que tu propia experiencia. Así que, si estás dispuesto a hacer la vista gorda, tal vez no sea porque no empatizas con cualquiera; podría ser que no quieres ampliar tu experiencia para incluir el dolor de alguna otra persona. Cuando amas a alguien, la expansión de esa empatía hacia el ser querido que puede estar pasando por algo que tú no entiendes, debería venir en el mismo paquete. Pero no es así en muchas ocasiones.

Puede ser complicado probar y desarrollar el sentido de la comunidad si no podemos reconocer en qué medida nos vimos influidos por las formas en que cada uno de nosotros es capaz de transitar por el mundo. Y si vamos a ser amigos de alguien que transita por el mundo con mayor facilidad, es obligatorio que también sienta más empatía por nosotros.

Cuando pregunté a Seth cómo era posible que tuviera tanta empatía hacia situaciones con las que no tenía experiencia, me dijo que era porque decidió desarrollar eso activamente, fue una decisión que tomó a fin de preocuparse lo suficiente para tenerla, y eso me deslumbró. Con ello aumentaron todas las sensaciones que yo había tenido de que él era extraordinario.

Aunque él se encontraba muy lejos, yo me aferraba a los momentos, cada pocos años, en que Seth venía a visitar Nueva York, y jugábamos como niños pequeños entusiasmados. Yo siempre he sabido que me siento bien con alguien cuando mi propia niña pequeña puede aflorar para pasar el rato, y con eso me refiero a cuando me siento libre para ser bobalicona, no tener filtros y no preocuparme si por accidente hago algo inapropiado, o si me están juzgando.

Encontrar a alguien con quien puedas hacer todo eso –el abrumador cansancio de intentar ser buena, perfecta y normal, tal como definían unos estándares muy anticuados– fue extremadamente liberador. Y cuando mi violencia social se agotaba, lo mismo que la suya, decíamos *vale, adiós*, cada uno se iba por su lado y eso estaba totalmente bien, nadie se enfadaba. Un sueño.

Cada vez que Seth venía de visita, decía que tal vez algún día se mudara aquí y podríamos estar juntos todo el tiempo, y me encantaba la idea, pero sabía que probablemente eso no ocurriría. Y aunque fuera así, ¿sería tan estupendo como cuando me visitaba? ¿Podría yo mostrarme habitualmente tal como soy ante esta amistad si viviéramos cerca? ¿Podría él? Y cada vez que él volvía a casa, de nuevo era expulsada de ese lugar tan elevado donde me sentía querida, contemplada, segura y capaz de ser por completo yo misma, de vuelta a un mundo que de verdad nunca sentí con nadie, y no tenía ni idea de cómo encontrar más personas en mi ciudad que pudieran estar a la altura.

La ciudad de Nueva York me ponía a mí una vez más contra el mundo, en lugar de nosotros contra el mundo. Y aunque yo sabía que nuestra amistad en realidad no desaparecía cuando él se marchaba, el hecho de que viviera muy lejos de algún modo me hacía sentir así. Carecía de la estabilidad objetiva de poder saber que, sólo porque algo desaparecía de mi vista, eso no significa que dejaba de existir en el mundo.

Y ésta es la cuestión: dentro del conjunto general, los amigos a distancia sí cuentan por completo. Así es. Y no vemos eso suficientemente reflejado en el mundo, por lo que para mí resulta importante decir que por supuesto que cuentan. Sin embargo, es igual de importante decir que también es totalmente válido sentir a veces que sigue siendo insuficiente, o sentir que «no cuenta». No porque no sea nada: porque lo es, y mucho. Los amigos a distancia pueden ser mucho más que lo que has tenido antes, aunque también ocurra que no sigan estando suficientemente cerca para el tipo de amistad que siempre has querido.

Es totalmente posible querer a tu amistad a distancia y seguir deseando que sea una amistad cercana. Querer que esas personas vivan más cerca, no como algo pasajero por lo que a veces os intercambiáis mensajes –«Ay, me gustaría estar ahí»–, sino de una forma profunda y muy real, y es difícil no preguntarte por qué no llegas a tenerlo todo.

Sigo considerando a Delia y a Seth, y a muchos de mis otros amigos a distancia, como algunos de mis más íntimos, mis espíritus más afines. Quizás en parte porque la única manera en que hemos hecho que esto perdurase es nuestra capacidad para alimentar la amistad incluso a distancia, incluso después de largos períodos de tiempo en que no hemos hablado mucho. Siempre somos capaces de proseguir el juego donde lo dejamos la última vez.

Sé que Delia y Seth están disponibles, apoyándome, aunque sólo hayamos estado juntos en la misma habitación unas pocas veces y muy breves. Aunque nuestra amistad habitualmente consista en enviarme chistes y fotos guais de los sesenta, o decirme que van a venir a Nueva York y que van a asistir a mi representación mientras están en la ciudad para verme. Sé que ésas son relaciones maravillosas y profundas a las que doy una gran importancia, y es totalmente adecuado mantener a los amigos a distancia con la misma alta estima.

Y también es totalmente apropiado decirte a ti mismo: «Estas amistades a distancia son hermosas, lo son, Y yo también sigo queriendo tener un amigo que viva cerca, un amigo que se deje caer por sorpresa con una sopa, un amigo que pueda acudir conmigo al hospital, un amigo para ir al cine a última hora. Estas cosas normales merezco tenerlas. No tengo por qué conformarme con *sólo* amistades que no son todo lo que necesito, todo lo que yo quiero».

Es maravilloso poder compartir de algún modo algunas facetas de tu vida con alguien, pero de una amistad a distancia a menudo obtienes sólo algunos fragmentos de su vida. Puedes bromear, ver películas y analizar cada uno la vida del otro, pero te pierdes las experiencias compartidas de hacer eso durante la cena, tomando café o quedándote hasta las tres de la madrugada, y estar los dos ahí para compartir lo que ocurra. Dejas pasar esos recuerdos que tienes en persona, cuando no era sólo una historia en que le contaste el rollo más destacado de lo posterior.

Y entonces llega la parte problemática: tener el valor de cultivar amistades cercanas en persona. Alguien que te abraza cuando lo necesitas, y no sólo por teléfono. Alguien que puede estar contigo en la misma habitación, y llegas a ver sus claves faciales y no verbales, y él ve las tuyas. Poder asumir todas las partes desagradables de ti mismo que sueles esconder con la distancia, en la misma habitación, totalmente querido y capturado en ese momento.

Saber que esto es posible. Y permitir que lo sea.

Para mí, era muy importante darme cuenta por fin de por qué establecía sólo relaciones con personas que estaban físicamente, y a menudo emocionalmente, a cierta distancia, como un plan de protección diseñado para mantenerme segura. Levantar esos muros para mantenerme lejos de lo malo, sí, pero también pueden dejar fuera lo bueno. Así que, si te has dado cuenta de que tiendes a recoger el equivalente de amistades de «tú no la conocías, vive en otro estado», reflexiona sobre por qué lo estás eligiendo. Tal vez sea sólo porque nadie de donde vives es como tú, o no tienes acceso al acto de encontrar personas que lo sean. Eso es extremadamente cierto para muchos de nosotros. Pero si no es sólo eso, hazte estas profundas preguntas a ti mismo.

¿Crees que no gustarías a la gente si de verdad te conocieran, o viceversa? ¿Crees que no mereces tener amistades de la forma en que otras personas las tienen? ¿Esas amistades lejanas miran el correo por ti, para que puedas decir a la gente que tienes amigos y evitar tratar cualquier problema íntimo que puedas tener? Es totalmente válido y comprensible si nada de esto encaja contigo, y por supuesto no estás solo. Pero sólo cuando examinas estos patrones eres capaz de señalar las verdaderas causas de estas decisiones. Si es alguno de los citados arriba, entonces es tu misión afirmar lo que vales.

Tú mereces tener todo lo que quieres, aunque parezca alarmante, aunque te hayan hecho daño. Y especialmente porque parece tan alarmante, especialmente porque te han hecho daño. Por encima de todo, te transmito ánimos.

Sí, los animales pueden ser tus (mejores) amigos

Tú eres mi persona favorita, eres mi mejor amigo y te quiero,
eres perfecto y te quiero.

Yo, a mi perro, todo el tiempo,
tan a menudo como me resulta posible

Cuando tuve por primera vez a mi perro, Lights, era un animal de acogida, que es un término para un perro al que estás de acuerdo en cuidar durante algún tiempo mientras que le consiguen su hogar para siempre, sólo para darte cuenta rápidamente de que esa casa para siempre es la tuya. Es una comparación perfecta con cuando nos hacemos amigos casuales de alguien y no lo pensamos demasiado, pero, para nuestro deleite, se convierte en el amigo para toda la vida que estábamos esperando.

Cuando encontré a Lights tenía una complicada mezcla de personas en mi vida, que eran «potencialmente mis amigos, ¿creo yo?» y «amigos, pero me siento frustrada con ellos» y «amigos muy buenos, pero sigo sin estar segura de cómo recurrir a ellos si necesito algo o si estoy pasando por problemas». No tenía ni idea de que esta pequeña perrita se convertiría en un bonito puente hacia el tipo de relación profunda, significativa y fiable que había deseado tanto, pero que no estaba segura de cómo conseguirla.

En los años siguientes a la adopción de la perrita, he oído a otras personas decir que tenían miedos parecidos, o que lo pasaban mal al relacionarse con otros, y también ellos descubrían gracias a los animales la maravillosa compañía que a menudo se les había escapado con los seres humanos.

Hay menos riesgo con los animales. Son innatamente amorosos, y el potencial para que te abandonen de repente al conocer a alguien que piensan que mola más que tú es reducido, debido al hecho de que viven contigo.

Adoptar esta perrita profundamente adorable y afectuosa que no temía demostrar cuánto se preocupaba por mí y que apreciaba de verdad todo lo que hice por ella, fue mi primera experiencia con la consistencia, mi primera experiencia con la reciprocidad. Todos los días yo suponía que llegaría a casa y ella estaría de mal humor, que de repente me odiaría o que querría quedarse con alguna otra persona, porque mis problemas con los abandonos eran formidables. Pero todos los días se entusiasmaba al verme, todos los días me quería igual, o incluso más.

Cuando sin darme cuenta le pisé su diminuta pata y me disculpé un millón de veces, supuse que me odiaría o que estaría en mi contra durante meses: en ese momento estaba segura de que me castigaría. Pero nunca lo hizo. Fue suficiente una disculpa porque ella me conocía y sabía que no quise hacerle daño, gracias a cómo siempre la había tratado antes. Porque yo le había demostrado mi consistencia. Ella me seguía queriendo, y ambas nos mudamos. Bueno, ella se mudó. Me sentí mal durante unas semanas, pero ya sabes cómo son estas cosas.

En todas las ocasiones en que le di masajes para perros, mimos o abrazos, o bien la tranquilizaba cuando se sentía mal, me sentí querida recíprocamente y valorada profundamente. Cuando yo estaba enferma, del mismo modo que la había cuidado, ella corría a abrazarme para curarme lo más rápido que podía. No había resentimiento ni malos recuerdos, sino que había una comprensión de que ella me cubría las espaldas, y que yo hacía lo mismo siempre con ella. Si yo tenía algo para darle, ella lo aceptaba. Y si ella tenía algo para darme, yo lo aceptaba. No puedo decirte lo revolucionario que me pareció eso.

Y me hizo darme cuenta de que sí, puede haber amigos que simplemente siguen queriéndote, que son firmes y constantes, aunque tú no tengas energía para ellos en todo momento, o no los veas con la frecuencia que te gustaría. Cuando vuelves, ellos seguirán estando disponibles. Puede haber amigos que te vean meter la pata y que aceptan una disculpa verdadera y la promesa de hacerlo mejor, porque te conocen y conocen tu corazón, y las personas cometemos errores. Puede haber amigos que se te aparezcan de pronto, de la misma forma que tú apareces para ellos. Y así se sienten mucho mejor que no sabiendo dónde estás, o preocupándose porque un pequeño paso en falso puede romper esta cosa tan delicada.

Incluso ahora tengo momentos en que Lights quiere mucho de verdad a alguno de mis amigos y me pregunto si llegará un día en que lo quiera más que a mí, si me abandonará y si me quedaré sola. De igual modo, esos miedos pueden estar presentes durante años en una amistad, pero tener un perro me ha enseñado a aceptar esos sentimientos y verlos como lo que son: mis sentimientos. Son míos para tratar con ellos, míos para observarlos y verlos pasar. No están necesariamente basados en hechos, y ni siquiera basados en quién soy yo en el presente. Podrían limitarse a ser, y normalmente son, restos de heridas del pasado que aparecen una y otra vez, partes no sanadas de mí misma que piden ser aliviadas. Y yo las calmo recordándome lo que es real. Y lo que es real es que esos sentimientos siempre pasan, y esto es de verdad sólo un diminuto animal que quiere que le quiera, y que quiere devolverme ese amor.

Y si eso existe en un perro, entonces debe existir también en las personas. Y tú te mereces encontrarlo, igual que ellos –los amigos– merecen encontrarte.

Amigos que en teoría son buenos

Espero otro asalto, hasta que alguien me detenga.

The Cardigans, «Hanging around»

Cuando se publicó *How to Be Alone*, empecé a hacer amigos entre personas que lo habían leído y que me encontraron gracias al libro. Se encontraban en la posición única de haber leído acerca de dónde había venido yo, lo que necesitaba y quería en una amistad, y probablemente habían conversado con ellos mismos sobre si la tenían para dármela, y decidieron que sí, lo hicieron, y que sí, que lo harían. Del mismo modo que por fin conocí a Fiona Apple, yo fui muy agradable con ella porque sé que ha sufrido mucho y que no se siente cómoda con la mayoría de las personas. Y sí, he pensado muchas veces sobre cómo sería amiga de Fiona Apple; creo que eso está claro.

Era semejante al sueño: poder ofrecer a la gente una guía sobre tus heridas pasadas, tus necesidades y tu deseo de tener relaciones, así que no tienes que pasar por ello en todo momento, como una ingesta de amistad. Pensé que sería como dar un millón de pasos con alguien. Ellos ya habían leído los «requisitos para el trabajo» y lo estaban realizando, sabiendo que lo harían muy bien. Pero, de alguna manera, lo que se planifica no es siempre lo que ocurre, y yo de nuevo me quedé preguntándome por qué.

Años después, leí que Fiona Apple tenía la misma esperanza cuando publicó su primer álbum. Ella pensaba que por fin todo el mundo la comprendería, y que la gente querría ser amiga suya, pero no resultó exactamente así. Y fui consciente de lo que ella pudo querer decir con esto cuando me hice amiga de Rosemary.

Rosemary y yo nos conocimos porque teníamos amigos mutuos, y ella dijo que se identificaba de verdad con mi primer libro, lo que me parecía una buena base de la que partir. Ella me gustaba por muchas razones. Era valiente y eternamente digna de confianza. Sabía que tenía derecho a cualquier cosa que quisiera en la vida y no dudaba ni un segundo en pedirlo, lo cual, como alguien que se esfuerza en ambas cosas, era excitante de ver. Y cuanto más tiempo pasábamos juntas, más pensaba yo «Guau, ¿así es como se siente al pasar por el mundo sintiéndose libre y segura, y como si pudieras hacer y tener cualquier cosa? ¡Parece increíble!».

Tardé bastante tiempo en darme sobrada cuenta de que eso llegaba muy fácilmente a Rosemary porque sus padres eran increíblemente ricos. Igual que muchas personas adineradas, ella nunca lo mencionaba, así que yo creía que ambas éramos sólo dos artistas que intentaban triunfar en la gran ciudad. Supuse que ella era valiente y que no le importaba lo que otra persona pensara o sintiera, porque era guerrera, y yo temía y me preocupaba constantemente por los sentimientos de otras personas porque no era valiente. El nivel de pensamiento inadecuado en este caso demostró obsesionarme.

He visto esto muchas veces en mis amistades anteriores, en las que en teoría hay mucho de esa amistad que es estimulante y promete mucho, pero algo de ella nunca parece ser bastante adecuado y no estoy segura de por qué: el amigo Bueno En Teoría.

Si nunca has tenido un amigo bueno en teoría o no sabes cómo es, en primer lugar ¡enhorabuena! En segundo lugar, apuesto a que lo tienes y simplemente no lo sabías. A continuación, ofrezco algunos indicios reveladores de qué son los amigos buenos en teoría:

1. **Tenéis tantas cosas en común que deberíais llevaros estupendamente, pero no es así en realidad.** Tal vez tengáis amigos en común o trabajéis en campos semejantes, pero hay algo que hace que nunca te sientas bien.

2. **Os malinterpretáis mucho.** Muchas veces, ser «bueno en teoría» consiste en realidad en pensar que estáis en la misma onda, pero

algo acerca de vuestra dinámica os mantiene chocando el uno con el otro y no entiendes por qué.

3. **Es el tipo de persona con el que querrías tener amistad.** Es como ver algo en una tienda de caridad que te encanta puesta en la percha, pero no en ti. Es una pieza hermosa, pero sientes que no es buena cuando te la pones. Y tú quieres ser la persona que se siente bien con ella. Pero simplemente no es así.

4. **Las formas en que das y recibes amor no coinciden.** Ponemos mucha insistencia en que nos guste alguien, pero sólo porque alguien te guste no significa que pueda darte lo que tú necesitas para sentirte querido, y viceversa. Quizás la cosa número uno que alguien necesita para sentirse querido es la consistencia, pero, lamentablemente, lo pasas mal haciendo lo que dijiste que harías, aunque quieras a esa persona. Entonces podéis cuidar la una de la otra, pero lo que tú necesitas y lo que la otra persona puede darte no coinciden.

5. **No estás seguro de si sois amigos o si en cierto modo le odias.** ¿Son divertidos sus chistes o son más bien propios de una persona horrible? ¿O son propios de una persona horrible de una forma divertida que puedes soportar? ¡Supongo que el tiempo lo dirá!

6. **Le conoces desde hace mucho tiempo.** Sólo porque conozcas a alguien de siempre eso no significa que lo que tienes es bueno, igual que tener algo siempre en tu frigorífico no lo convierte en bueno. Comprueba la fecha de caducidad.

7. **Te sientes como si fueras su compinche, no un igual.** Algunas personas quieren ser el compinche en teoría, pero si estás empezando a ver en menor medida que sois un equipo y más que tú eres un personaje marginal en la historia de otra persona, eso puede ser una señal clara de que no funciona.

8. **Es agradable contigo, pero mezquino para todos los demás.** Si has experimentado eso, ya lo sabes. Y me gustaría no saberlo, pero lo sé.

Entonces, ¿por qué aguantamos a un amigo bueno en teoría? A menudo, porque son mejores que no tener nada y pensamos que podemos soportarlo, como un feo sofá que hemos encontrado en la cuneta de la carretera que nos decimos a nosotros mismos que podemos transformarlo en algo molón, como un presentador de HGTV. Es ese sentimiento que muchos de nosotros conocemos muy bien: la sensación de que por fin deberías «fijarte» en un compañero sentimental para estar con él, aunque sólo sea durante un tiempo, para que por fin ya puedas decir que no estás sin pareja, y así los demás no te harán ninguna pregunta más. Simplemente se sentirán felices de que ya no tengan que «preocuparse por ti» porque has encontrado a alguien, a cualquiera, que ha cumplido tus expectativas. Esto también puede ocurrir con tus amistades, por supuesto.

Rosemary era un ejemplo perfecto de amiga buena en teoría. Así, Rosemary era el tipo de amiga con el que yo había soñado: alguien que me hiciera caso, que me ayudara y que quisiera ser mi amiga. Pero a veces el amigo bueno en teoría es alguien que quiere mucho ser tu amigo, pero que no es capaz de ser el tipo de amigo que tú necesitas. Y así puedes aferrarte a sus buenas intenciones o reconocer que las pruebas actuales cuentan mucho más que el potencial futuro. Pero se puede tardar un tiempo en detectar eso, y es fácil quedar atrapado en cualquier cosa que podría ser una señal de que hay un potencial de amistad real y que sólo necesitáis tiempo para crecer juntos.

Rosemary y yo nos fuimos haciendo más íntimas a medida que pasaba el tiempo, así que cuando supe que necesitaba hacerme una operación debido a un evento traumático reciente y me sentía muy asustada, ella parecía una persona a la que podría recurrir. Cuando por fin tuve el valor para decirle lo asustada que estaba, ella dijo: «Lane, me encantaría ir contigo al hospital por tu operación, porque hace años, cuando yo estuve en el hospital, no vino nadie conmigo, aunque lo deseaba desesperadamente». Lloré, pensando que ella lo entendía, lo había captado y por fin había alguien que decía que quería ayudarme y que lo haría de verdad.

Después de conocer a algunas personas en el pasado que habían dicho que querían ayudarme, sólo para recibir, recibir y recibir, en esta ocasión parecía haber alguien que quería aprovechar cualquier oportunidad para hacer por otra persona algo que quiso que alguien lo hubiera hecho por ella. Eso se parecía al modo en que yo pensaba, al modo en que yo hacía las cosas y, aunque fuéramos distintas de muchas maneras, supuse que nuestras motivaciones, nuestras formas de ver la vida, eran similares. Bueno en teoría.

En los días anteriores a la operación, Rosemary se mostraba muy dispuesta a ayudar. Me dijo que me llevaría un montón de mis tentempiés favoritos y me preguntó cuáles eran. Yo tenía permiso para recibir cuidados. Y finalmente empezaron en ese momento. Ella iba a venir a mi casa e iríamos juntas al hospital desde allí.

Y entonces ella apareció esa mañana y dijo, «Ay, he olvidado los tentempiés».

Pensé *¡oh, no pasa nada! ¡Estás AQUÍ! Para mi operación. ¡Dios te bendiga, eres una santa! ¿Quién en todo el mundo haría eso?* Se sentó conmigo en el hospital y había llevado un animal disecado que llamamos Tigre Tim Curry, y no recuerdo por qué, excepto que era un tigre y era gracioso hacer como si Tim Curry le hubiera personificado, y formarnos nuestras respectivas impresiones sobre Tim Curry.

Cuando llegó el momento de la operación, Rosemary se dirigió a la sala de espera. Y por un momento me sentí seminormal. Eso es lo que se supone que es la amistad. Yo no debería estar nerviosa ni sentir pánico por estar recibiendo más de mi justa parte de la amistad, ni preguntándome qué tenía que hacer a fin de «prepararme para ella», así que me calmé. Este tipo de ansiedad de «¿estoy haciendo las cosas correctamente?» era normal para mí, y es normal para cualquiera que no haya tenido todavía muchas relaciones saludables. El miedo de que el problema eres tú y tu falta de experiencia en el amor y la amistad.

Después de algunas cosas traumáticas adicionales en el hospital que no explicaremos (sino que sólo diremos que no fue un día agradable), me dieron el alta y pudimos volver a casa. Veinte minutos después de montar en el coche, de repente me di cuenta de que tenía que orinar urgentemente, pero no quería detener el coche. Sólo quería llegar a casa, y lo haríamos en aproximadamente una hora; intentar encontrar un baño público en Manhattan, con las muletas que en ese momento necesitaba para andar, no era mi idea de un buen momento.

Varios minutos después, Rosemary me dijo, frustrada: «¿Vamos a llegar pronto a casa? Tengo correos que necesito enviar, y esto nos está llevando bastante tiempo». Yo inmediatamente me lancé de lleno a decir «Oh, Dios mío, eso espero, sí, estoy segura, sí». Y me dije a mí misma que no me detendría para ir al baño, ¡sólo necesitaba darme prisa y llegar a casa de forma que mi amiga pudiera trabajar! («¿Ves? ¡Lo estoy haciendo mal!», resonaba por mi cuerpo recientemente operado).

Una enfermera amiga mía me dijo meses después que una gran parte de mi intervención, y tal vez toda ella, consistía en que ellos me tenían que haber llevado al baño después de operarme. Algo relacionado con la anestesia causa una reacción retardada en relación con darte cuenta de que tienes que orinar, e incluso puede hacer que no puedas orinar. Se supone que no debes abandonar el hospital hasta que puedas, pero yo no sabía eso, y ellos simplemente me dijeron que me marchara. Así que ¡eso fue gracioso y profesional!

No sabiendo nada de esto, al final tuve que pedir que detuviera el coche, y Rosemary suspiró con enfado, como si yo estuviera molestando. Me esforcé por salir del vehículo por mí misma, con las muletas, y entré cojeando a un restaurante para usar su baño. Afortunadamente, me dejaron usarlo, pero cuando estuve dentro y luché por quitarme mi ropa con muletas y una escayola, no pude orinar y lloré como si hubiera fracasado. Porque, en ese momento no sabía que lo que me ocurría era normal y no culpa mía. Me apresuré a volver al coche, sabiendo que había decepcionado a Rosemary con mi cuerpo humano y mi muy larga operación.

Cuando por fin llegamos a casa, Rosemary corrió por delante de mí, sin sujetar la puerta ni hacer nada, sino que en su lugar preguntó: «¿Dónde está tu oficina para que pueda enviar esos correos del trabajo?». Corrí con las muletas para enseñársela, mientras me dejó sola en la sala de estar para que me valiera por mí misma. Durante horas. Si necesitaba agua, un tentempié, mi medicación o ir al baño, tenía que levantarme y hacerlo. Rosemary estaba trabajando y no se la podía molestar. Cuando se marchó le di las gracias dos mil veces por estar disponible para mí, pero algo fue mal y yo lo sabía.

En los días siguientes no me tomé mis medicamentos para el dolor y me caí al suelo con mucha frecuencia debido al dolor tan fuerte. Yo siempre me esforzaba por sentir que mi dolor no era real. Puedo manejar cualquier cosa, sobrevivir a cualquier cosa, así que el hecho de que Rosemary actuara como si mi dolor fuera insignificante y no hubiera problema en ignorarlo reforzó en mi mente la idea de que no debía necesitar la medicación en absoluto. Varias veces, la vecina de la puerta contigua a la mía me encontró y me ayudó a levantarme. Me aislé incluso más después de eso, incapaz de procesar por completo lo doloroso que fue para mí el día de la operación.

Enterré la sospecha de que Rosemary no se había portado muy bien aquel día, que tal vez pudiera haber hecho las cosas de forma algo distinta, un poco mejor. Pero lo enterré tan profundamente como pude lograr. Ella era mi amiga y estuvo allí para mí, aunque no había sido perfecto, fue algo normal para nuestra amistad, estoy segura.

Unos días después de la operación, mi amiga Audrey se ofreció a venir para ayudar en cuanto supo que me habían operado. Dejé de decir a la gente por lo que estaba pasando, diciéndome internamente que no era algo importante. Audrey no pensó que fuera «algo no importante», en absoluto.

Audrey había sido vecina mía en mi apartamento anterior, y siempre fue adorable, amable y cariñosa, pero no la conocía muy bien, al menos no todavía, así que no sabía qué esperar. Pensé que conocía mucho mejor a Rosemary porque habíamos pasado mucho más tiempo juntas. Fue la que me prometió hacer lo necesario, hizo ver que estaría disponible, me dijo lo que yo iba a recibir de ella y después no lo cumplió. Audrey se limitó a decir que vendría para estar conmigo. Y yo acepté con precaución.

Audrey me trajo un montón de comida y durmió en el sofá, de forma que, si yo necesitaba algo, ella estaría allí. A mi perrita le encantó tanto que durmió con Andrey en el sofá toda la noche. Me gusta imaginar que era su forma de decir *gracias por querer a mi mamá igual que yo. Y por hacer para ella cosas como ésta que yo no puedo hacer porque no tengo pulgares oponibles.*

Incluso con este contraste de «Guau, esto es muy diferente de mi experiencia con Rosemary», no fue hasta meses después, cuando se ofreció a invitarme a salir por mi cumpleaños, cuando me di cuenta de lo acertada que estuve en preocuparme por mi amistad con Rosemary.

Yo no había tenido mucha, si es que alguna, experiencia con cenas de cumpleaños personalmente, aunque había asistido a muchas y conocía el infierno de pagar a escote, cuando yo tomaba sopa y todos los demás comían filete. Y ésa no iba a ser una cena en grupo, sino que seguía siendo lo que creo cuando pienso en cenas de cumpleaños: pedir lo más posible porque todos comparten el gasto, incluso si alguien encarga langosta.

Dos personas se habían ofrecido para llevarme a una este año, Rosemary y Audrey. Yo supuse que las dos celebraciones de cumpleaños (¡guau, dos personas completas!) serían muy parecidas, pero en cambio fue como un cuento para niños sobre dos historias extremas.

La fiesta de Rosemary fue la primera. Me llevó a un restaurante muy bueno, pero no tenía mucho que yo pudiera comer. A menudo me sentía extrañamente cohibida por mi infinidad de alergias alimentarias, porque las Chicas Molonas comen filete, aire y *whisky*, y nunca tienen enfermedades autoinmunes que no eligen en absoluto, y ella sabía eso. Pero, aun así, quizá la gente cometa errores.

Rosemary propuso que pidiera lo que yo quisiera y que lo compartiéramos, algo que en realidad yo nunca había hecho, porque lo único que tengo en común con Joey, de *Friends*, es «Lane no comparte comida», lo cual tal vez ella no supiera, pero yo no me sentía cómoda diciéndoselo, en un intento por ser «normal» (véase: hacer lo mismo que lo que otra persona quiere hacer).

Odio mucho compartir comida. ¡Limitaos a darme mi propia comida! No quiero tener que contar cuántos bocados he dado, o cuántas comidas afrodisíacas ya había comido yo y cuántas has comido tú, así que la repartimos equitativamente. Conlleva demasiado estrés conservar la tuya propia.

Rosemary me preguntó qué más quería hacer yo por mi cumpleaños. ¡Cualquier cosa! Pero ella no entendió muy bien cómo hacerlo, sobre todo cuando una viene del extremo rechazo de los propios deseos, porque te puedes convertir en alguien incapaz de saber lo que quiere y cuáles son las alternativas.

Puesto que sigo siendo nueva en lo de sentir que tengo permiso para necesitar cualquier cosa y en confiar en que la gente que la ofrece desea darlo de verdad, que alguien me pregunte qué necesito suelo percibirlo como que me están pidiendo encargar platos de un menú que no he visto nunca antes. ¿Qué hay en el menú? Si resulta que es un restaurante tailandés y necesito una vela perfumada, entonces habré malgastado el tiempo de las dos, pareceré una idiota y tú te enfadarás porque he pedido una vela perfumada y estás en un restaurante tailandés. Vaya, de acuerdo, bien, entonces, ¿tienes suero para los ojos? ¿No? Estupendo, ahora me expulsan de por vida de este centro comercial.

Había pasado tantos años sin tener recursos, ni alternativas, ni decisiones, que me obligué a sentirme bien con eso, me obligué a sentirme más pequeña, de forma que tener contacto con alguien y expandirme seguía pareciéndome peligroso, incluso cuando por fin era seguro.

Le conté una versión muy resumida de esto a Rosemary, y ella dijo: «Bueno, este menú de postres no te irá bien, ¡así que tomaremos el postre en otro lugar, si quieres! ¡Quiero que tengas el mejor cumpleaños de toda tu vida y quiero darte eso yo!». Lamentablemente, aun enfrentándome a un caso crónico de «OH, SEÑOR MÍO, tú no TIENES por qué hacerlo» (que sin duda no recibió ayuda de lo que lo que había ocurrido con ella meses atrás), lo olvidé y le dije: «¡Quizás después!».

Ella tuvo una idea. ¡Me llevó a un bar (yo no bebo alcohol) que sólo servía alitas de pollo (yo no como carne), para poder salir juntas (véase también: yo podía estar bebiendo agua y verla tomar alcohol y comer alitas)! ¡Menuda alternativa tan genial, hecha a medida para mí! Le saqué el máximo provecho, y, para ser justas, no podía pensar qué quería hacer yo, así que ¿quién era yo para quejarme de que estaba claro que esto no era para mí?

Aquella misma noche, más tarde, Rosemary estaba más bien borracha y nos dirigimos andando a ese lugar de helados y nos quedamos en la cola de afuera porque supongo que tenían mucho público. Cerraban en veinte minutos, pero, por supuesto, atenderían a todos los que formábamos la cola. Durante esos veinte minutos, Rosemary dijo: «Yo quería ofrecerte el mejor cumpleaños. ¿Lo he conseguido? ¿Te he ofrecido el mejor cumpleaños? Lo he hecho, ¿verdad? ¡Te he ofrecido el mejor cumpleaños! ¡Lo he hecho! ¡LO HE HECHO PARA TI! ¿Correcto? Lo he hecho, ¿verdad?». Y yo seguía preguntándome ¿por qué estaba pasando mi cumpleaños viéndola hacer lo que ella quería hacer y calmando su necesidad de saber que era una Gran Amiga, lo que parecía eclipsar su deseo de serlo en realidad? No, eso no podía ser así. Debo estar equivocada. Ella pasó el resto de los veinte minutos preguntándome si «parecía gorda» y si era guay o no. Y yo pasé el resto de mi cumpleaños asegurándole que era guay.

Por razones extrañas, desconocidas para mí y para todos los demás que estaban esperando, la tienda de helados no atendió a toda la cola. Después de veinte minutos, aceptaron un cliente más y dijeron al resto de nosotros que nos fastidiáramos. Rosemary les dijo dulcemente: «¡Por favor, es el cumpleaños de mi amiga!». Y yo intenté eliminar todo de los extraños sentimientos de «Espera, ¿querías ser una buena amiga para mí, o sólo parecerlo? Por favor, dime que esto último no es verdad, de forma que yo simplemente ya pueda tener amigos», con los que en ese momento me estaba abrumando, después de ignorar mis sentimientos durante tanto tiempo.

Y después fuimos a casa, sin helado, sin sentirme cuidada, sintiendo como si en mi cumpleaños hubiera hecho un gran trabajo haciendo sentirse bien a mi amiga consigo misma, lo cual creo que no es lo que se supone que es un cumpleaños. No fui consciente de lo acertada que era esa sospecha hasta que después me encontré a Andrey, esa misma semana, lo que contaré en un momento.

Unas semanas después de mi Pesadilla de Cumpleaños, Rosemary me dijo que íbamos a hacer la segunda parte de mi cumpleaños, puesto que «¡Te dije que tendrías helado y voy a conseguirte helado!».

No conseguimos helado. En su lugar, quedamos en un museo al que ella quería ir y, de repente, me di cuenta de que Rosemary era una persona que, si yo alguna vez mencionara algo doloroso o frustrante, dejaría de hablar conmigo, miraría a otra parte y sólo me volvería a escuchar cuando dijera algo divertido y trivial. Como si mi dolor la indignara y yo estuviera fracasando en mi propósito, que era entretenerla. Yo solía complacerla, sin ser totalmente consciente de que ocurría eso, pero ese día por fin me di cuenta de por qué sucedía y me sentí furiosa. Yo era su mono mascota, su bufón. No éramos amigas. Yo era la chica divertida y extraña, un animal perdido que ella aceptaba por generosidad.

Fuimos a almorzar juntas, a otro lugar que simplemente estaba bien, y ella no pagó el museo ni el almuerzo, así que no tengo ni idea de cómo nada de esto podía ser la Segunda Parte de mi Cumpleaños, pero no importa. Después de un almuerzo basura, sugirió que la acompañara a su casa porque tenía «varias bonitas prendas de ropa que estoy regalando y que te *encantarán*». Cogimos un taxi muy lejos, en el centro, para llegar allí después de un día largo y agotador en el que me sentí como su extravagante monedero con forma de perro. ¡Pero tal vez, sólo tal vez, las ropas *eran* excelentes!

Entramos, y las prendas de ropa estaban… hechas unos andrajos. La mayoría eran de un antiguo novio que sólo usaba camisetas de color azul marino y uniformes militares hechos pedazos. Y si cogía algo que tenía allí dentro que fuera remotamente bonito, ella LO DEVOLVÍA A SU SITIO PARA QUEDÁRSELO. Por fin, ella dijo: «Lamento coger todo lo que querías y quedármelo. ¡No obstante, sí tengo un vestido que te encantará!». Sacó el vestido. Yo estaba muy muy cansada en ese momento, así que empecé a meterlo en mi bolso para probármelo cuando llegara a casa. Ella se negó y dijo que, si yo quería llevármelo, tenía que probármelo delante de ella, en ese mismo momento. Demasiado cansada para pensar en lo demencial que era eso, me lo puse encima de mi ropa. Ella dijo que era «¡TAN lindo!», seguido por el comentario de que iba a reservárselo para ella. La miré fijamente como si me acabara de decir que conserva cuerpos muertos en el armario. Cuando me dirigí a la puerta principal, la puerta para escapar de todo lo que había sido ese día, ella dijo «¡Oh! Y no me he olvidado del helado. Si caminas pasando por unas ocho manzanas, allí hay un lugar donde venden helados».

¿Qué diablos era eso? Al no querer caminar pasando otras ocho manzanas para comprar mi tardío helado de cumpleaños, me limité a coger el tren de vuelta a casa y pensé *Mmm, ¿siento que esta amistad es realmente mala?* Pero ¿cómo podía ser así? Ella quería ser una excelente amiga para mí, quería cuidarme. En teoría era una buena amistad, así que ¿por qué no era una buena amistad en la práctica?

* * *

En el extremo opuesto se encontraba Audrey. Días después de lo que fuera la Primera Parte de mi Cumpleaños, Audrey me llevó a uno de mis restaurantes favoritos, donde todo es asombroso, y utilizó cada segundo de nuestra cena juntas para hacerme sentir querida, apoyada y especial. La cena no fue de ningún modo una forma de celebrar que ella fuera una buena amiga, que era un acto de caridad que ella organizaba para un vagabundo necesitado. Era una celebración activa, una celebración de que yo había nacido y de que ella había llegado a conocerme.

Dije a Audrey lo que había ocurrido con mi operación y con Rosemary: indecisa, preocupada porque yo hubiese interpretado todo mal, porque yo estuviera siendo demasiado quisquillosa; nadie es perfecto, no pasa nada. Audrey se mostró enfadada ante todas las partes de mi relato. ¿Por qué no había llevado los tentempiés? ¿Por qué no había pedido permiso en el trabajo o dejado las tareas para otro momento? ¿Por qué se dejó caer por mi casa si sólo iba a utilizar mi apartamento como un lugar de trabajo y no acompañarme después de la operación? ¿Por qué incluso me pidió sacarme a pasear en mi cumpleaños si no iba a hacer nada de lo que había dicho que haría?

Después de toda una vida haciéndome estas preguntas y callándome inmediatamente después, dejé que Audrey hablara.

Si nunca habíais sido buenas amigas de verdad, es muy fácil tomar las sobras que alguien te ofrece. Una aproximación a la amistad. *Oye*, piensas, *al menos es algo*. Porque aún no sabes cómo debería ser la amistad, como debería sentirse. Así que, cuando alguien entra en tu vida, prometiéndote muchas de las cosas que tú querías y no ofreciéndotelas, tal vez pienses *¡Está bien! Nadie es perfecto y, oye, si alguien lo ofrece con palabras te encuentras por lo menos un paso más cerca de obtener todo lo que quiero.* Pero no es así.

Si yo te contratara para trabajar para mí y te dijera que te voy a pagar 50 000 dólares, y después no lo hiciera nunca, ¿es eso mejor que unas prácticas no remuneradas, porque por lo menos te había ofrecido un pago? NO, NO ES ASÍ. Y si es algo, resulta peor, porque en este último caso al menos te dije lo que ibas a obtener, y podías elegir conformarte con eso o no. Pero en el primer caso te habrían mentido totalmente, hacerte desempeñar un trabajo que de otra forma no hubieras aceptado.

Es fácil ver muchos de estos momentos, de estas amistades, como personas que se aprovecharon de mi esperanza por encontrar los amigos que tan profundamente deseaba y necesitaba. Pero, cuanto más cerca me encontraba de tener los amigos que quería, más me daba cuenta de lo útiles que podían ser estos momentos de decepción. Estaban ahí cuando aprendí qué es realmente importante para mí en una amistad. Con lo que ya no me conformaría. Lo que ya no aceptaría. Y lo que puede y debo esperar de los demás en el futuro.

Y si por fin ves los defectos de tus buenos amigos en teoría, y ahora te esmeras para conseguir algo más que eso. Déjame decirte esto: tú no quieres demasiadas cosas. Quieres lo que, maldita sea, deseas bien, lo que se le permite a todo el mundo. Veo demasiada retórica que dice que no deberías «esperar nada de otras personas». Esas personas están limitadas, y no se puede esperar de ellas que te den tanto como tú les das a ellas. Pero es muy importante recordar que se *te* permite requerir de otras personas, si eso es lo que necesitas. Si ofreces mucho emocionalmente, se te permite por completo esperar a alguien que pueda darte la misma cantidad de relevancia emocional, la misma cantidad de comprensión, cuando le resulte posible. Y si alguien ve esas necesidades y sabe que no puede satisfacerlas, no hay problema tampoco, pero tienes permiso para hacerles exactamente lo mismo.

Si alguien se ofrece a llevarte a cenar y a comer helado, tú te mereces de sobra tener a alguien que de verdad haga eso, y que después pague antes de que tú ni siquiera veas la cuenta.

Si la constancia es importante para ti, incluso vital, te *mereces personas que hagan lo que dijeron que harían*. Porque ellos saben que lo necesitas. Mereces tener a alguien que se asegure de hacer las cosas importantes. Aunque sea difícil para esa persona, porque eso es lo que hace la gente cuando te quiere.

Tú te mereces personas que cubran todas tus necesidades, del mismo modo que tú cubres todas las suyas. Y no hay problema en esperar a que las encuentres. Verás este sentimiento repetido a lo largo de estas páginas, así que, por favor, debes saber que lo repito deliberadamente, porque a menudo necesito recordarme a mí misma que yo las merezco, que está bien necesitarlas, y que no hay problema en esperarlas, y tal vez tú necesites también estos continuos recordatorios.

De la misma manera que el mundo quiere que nosotros nos dispongamos a decir sólo que tenemos amigos, por lo que no deberíamos analizar esto en exceso, ni desearlo más, es esencial saber que tienes permiso para no estar de acuerdo por completo con esa idea. Déjales decir lo que quieran. Si necesitas o quieres más, puedes y debes esperar algo que encaje mejor contigo.

No merece la pena aferrarse a personas que se aproximan algo a lo que deseas, pero que también pueden perjudicarte un poco. Y, además, no sirve a ninguno de los dos bandos.

Yo no odio a Rosemary, de verdad que no. Muestro comprensión por cualquier cosa que la dispusiera de esa manera, y quizás algún día ella vea que tenía esos patrones y sane, y volveremos a tener una relación (me encanta una historia de redención, hasta decir basta, como *por favor, deja de esperar que van a cambiar mágicamente, hay experiencias traumáticas en su cerebro que nunca acaban bien*). Y tampoco pasa nada si no lo conseguimos. Porque a veces las personas entran en nuestras vidas sólo para mostrarnos lo que no queremos, y esas personas nos han aportado el don de ser como un espejo. Y ese espejo nos muestra quiénes somos en realidad y todo lo que hemos enterrado, todas las necesidades que hemos puesto bajo tierra porque tenían mal aspecto. Y si tenemos suerte, otro amigo se adentrará en nuestra situación un poco después, para confirmar que las necesidades que hemos enterrado *pueden* afrontarse, pueden surgir de la tierra como brotes para que los rieguen y los alimenten las personas que nos rodean, hasta que veamos que nuestras necesidades no eran una carga, no eran feos defectos en los que trabajar, sino partes vitales de nosotros que merecen florecer.

Los amigos buenos en teoría son tan seductores porque queremos encontrar a nuestra gente en gran medida, por lo que, si alguien se dirige a nosotros y dice «¡Yo soy tu persona! ¡Estoy aquí! ¡Quiero darte todo lo que deseas!», resulta estimulante y tentador creerle inmediatamente. ¿Por qué iba alguien a mentirnos sobre eso? Y la verdad es que no creo que la mayoría mienta en eso. Creo que la mayoría de las personas que hacen esto quieren por completo ser capaces de darte lo que necesitas. Pero después, a medida que os aproximáis, tú, o el otro, tal vez os deis cuenta de que no se tiene lo que hace falta, y que no se es tan adecuado para la «posición» como se pensaba que podría ser.

Tú sólo descubres si una amistad funciona, si tiene potencial para ser real y sincera, al conseguir conocer a alguien y ver cómo encaja en tu vida, y cómo encajas tú en la suya. Mostrándote a la gente y permitiendo que ellos se muestren ante ti. Y después tomando nota de esos momentos en los que no obtuviste lo que necesitabas, o reduciendo lo que necesitas para acomodarte a sus limitaciones de lo que te pueden dar.

Y, por encima de todo, escuchando esa pequeña voz del interior de tu cabeza o de tu corazón que dice que esta amistad debería funcionar, y deseas que funcione, y sin embargo no lo hace. Y después perdonándote a ti mismo por no haberlo visto antes, porque al menos por fin te ven ahora, y puedes captar lo que has aprendido y hacerlo mejor en la siguiente ocasión. Y siempre hay una nueva ocasión.

Conocer tu estilo de apego
(y el de tus amigos)

Es mi responsabilidad, al ser tu mejor amigo, asegurarme
de que haces cosas estimulantes, aunque no quieras.

SOOKIE ST. JAMES, *GILMORE GIRLS*

Mira, me encanta el tropo, «son opuestos y son sus mejores amigos» tanto como al próximo consumado espectador de televisión. Pero muchas veces, cuando los personajes de televisión son opuestos, gran parte de cómo lo son se debe a su estilo de apego. Esto significa que «experimentamos el amor de formas diferentes, y damos y recibimos amor de formas diferentes». Aunque eso pueda ser estupendo de ver, porque es inventado y nunca dudas de que se quieren el uno al otro, y aunque a veces les cueste demostrarlo. Si alguien de tu propia vida recibe y ofrece amor de una forma radicalmente distinta a como tú lo haces, eso puede ser increíblemente estresante.

Pero no siempre vemos eso en estas representaciones. Simplemente decimos a la gente que los opuestos se atraen. Mira a Jane y Petra en *Jane the Virgin*; a Khadijah y Max, de *Living Single*; a Rory y Paris en *Gilmore Girls*; a Carly y Sam, de *iCarly*; a Jen y Judi, de *Dead to Me*; a Mary y Rhoda, de *Mary Tyler Moore*; a Molly e Issa, de *Insecure*; a Nick y Schmidt, de *New Girl*; a Jess y Nick, de *New Girl*; a Eleanor y Chidi, de *The Good Place*; a Joan y Toni, de *Girlfriends*; a David y

Stevie en *Schitt's Creek*; a Buffy y Willow, de *Buffy the Vampire Slayer*, y a Ryan y Seth, de *The O. C.*[1]

Los opuestos parecen atraerse porque en ese caso hay oportunidades de aprender. Dos opuestos pueden equilibrarse el uno al otro y abrirse el uno al otro a cosas nuevas. Éste es el tipo de amistad que tienen muchas personas, en el que alguien es fuerte en las cosas en que tú eres débil, y viceversa, y os fortalecéis el uno al otro. ¿Cómo de encantador es eso, si siempre fue la única diferencia entre vosotros?

Cuando vemos a amigos opuestos con estilos de apego potencialmente distintos, a menudo se transforman fácilmente para cubrir las necesidades del otro, y normalmente en un episodio especial lo abordarán y solucionarán en unos treinta minutos limpios. He aprendido mucho sobre la teoría del apego a través de mis propias experiencias e investigaciones, y examinando cómo tiene conexión con todas mis relaciones, *especialmente* mis amistades, lo cual suele llevarme mucho más de treinta minutos, publicidad incluida.

La teoría del apego es en esencia un indicador de la facilidad con que puedes apegarte o aproximarte a otras personas, basado en la facilidad y la seguridad con que te acercabas a la gente siendo niño. Así que, si has tenido unos padres seguros y emocionalmente disponibles, es más probable que tengas un «apego seguro» y que puedas fácilmente ofrecer y recibir amor sin dudarlo porque sabes que es una cosa segura de hacer (TAMBIÉN CONOCIDO COMO el sistema está instalado, pero estoy divagando). Pero si tu niñez estuvo llena de cuidadores distraídos, inseguros, no disponibles o poco fiables, tener la capacidad de acercarte a la gente suele ser mucho más complicado.

Normalmente, esas personas se dividen en dos categorías de estilos de apego inseguros: apego evitativo, apego ansioso, o una combinación de los dos.

Las personas con un estilo de apego evitativo quieren amor y relación tanto como cualquier otra, y es posible que los teman del mismo modo que lo hacen quienes tienen un estilo de apego ansioso; sin embargo, son mucho más rápidos a la hora de correr, escapar y encontrar

---

1. La autora menciona algunas series de televisión populares en Estados Unidos. *(N. del T.)*.

razones para «obtener seguridad». Por eso, si quienes tienen apego ansioso están siempre preocupados porque el evitativo se enfade con ellos y vaya a abandonarles, quien tiene apego evitativo interpreta eso como que aquel se siente necesitado y molesto, y lo usa como razón *para* abandonarles, puesto que ellos, de cualquier forma, ya quieren abandonar a todos en todo momento, y ésa es una razón tan buena como cualquier otra. Esto a menudo conlleva la pregunta: si las personas evitativas quieren tanto tener relaciones, ¿por qué suelen aislarse cuando les llegan? Y es porque empiezan a sentirse oprimidas. Quieren proximidad, pero, normalmente, cuando ya empiezan de verdad a acercarse a alguien, rápidamente se sienten como si estuvieran atrapadas, así que nunca tienen realmente esa proximidad sin efectuar una labor profunda para desentrañar su correlación entre «personas que necesitan cosas de ellas» y «personas que intentan sangrarles».

Hace poco me di cuenta de que yo, una persona con un estilo de apego ansioso (aunque durante toda mi vida he tenido un estilo de apego inseguro y ahora tengo un estilo de apego parcialmente seguro; por favor, apláudeme) he atraído a menudo a amigos con un estilo de apego evitativo. Aunque estos amigos con estilos de apego diferentes encajan con el tropo «somos TAN opuestos» de un modo muy encantador, yo seguía haciendo amistad con personas que odiaban la vulnerabilidad y las emociones, aunque yo viva para ambas cosas, lo cual sería casi cómico si no fuera tan difícil.

A pesar de existir un amor mutuo y un deseo de que tus amistades funcionen, tener estilos de apego incompatibles entre vosotros tal vez sea a menudo un buen presagio de lo que puedes y no puedes esperar de tus amigos.

Y aunque algunas personas pueden descubrir que eligen amigos con estilos de apego compatibles, pero escogen parejas con estilos de apego incompatibles, o viceversa, yo me siento (no totalmente) feliz de informar que a menudo he elegido personas con un estilo de apego evitativo como parejas *y* amigos. Por favor, aplaudid, y también rezad por mí.

La peor parte de esto es que puede ser realmente difícil decir cuál es el estilo de apego de alguien cuando sólo sois amigos. Es mucho más fácil de señalar cuando tienes una cita con alguien porque la intimidad suele ser más inmediata, así que puedes ver con bastante rapidez en qué categoría encaja alguien. Pero tendemos a «citarnos informalmente» con amigos durante un período más largo de tiempo sin definir las expectativas y los compromisos con tanta claridad. No queremos llegar aún a estar demasiado cerca, ya que no sabemos qué busca la otra persona y no queremos ser dependientes. Así que «vemos adónde va» sin querer espantarle o parecer demasiado intensa. Debido a eso, es posible, dependiendo del nivel de intimidad o con qué frecuencia le ves o hablas con él, que no puedas darte cuenta por completo cuál es el estilo de apego de un amigo después de años de amistad. Y si resulta ser mayormente incompatible con el tuya, bueno, ¿qué haces entonces?

Muchas amistades requieren de nosotros que nos limitemos a adentrarnos cada vez más en el océano, sin saber lo que hay, ni lo profunda o poco profunda que es el agua, si hay una repentina disminución o si está llena de tiburones, lo cual supongo que en este caso son «incompatibilidades fundamentales con la profundidad que deseamos ambos y somos capaces de relacionarnos el uno con el otro». Ni siquiera puedo imaginar que eso sea un tipo de *Shark Week*[2], demasiado siniestro.

Estas incompatibilidades se pueden superar, sí, pero el trabajo necesario por ambas partes puede ser significativo. No sólo ambos necesitáis suficiente conciencia de vosotros mismos para saber cómo relacionaros con la gente, cuáles son vuestras necesidades y cuánto podéis ofrecer, sino que también debéis saber si ambos tenéis, o no, las herramientas y la voluntad para resolver cualquier punto complicado.

Las amistades en verdad son el mayor proyecto de grupo del que llegarás a formar parte, y muchas personas tratan a las amistades del mismo modo que a los proyectos de grupo:

1. Deciden no hacer ningún trabajo, suponiendo que la otra persona lo hará.
2. Ellos hacen todo el trabajo y se sienten molestos con todos los demás por no hacer su parte.

A menudo me he encontrado en la segunda categoría, en los dos ámbitos, en proyectos de grupo y con muchas de mis amistades.

---

2. Una serie de televisión estadounidense. *(N. del T.)*.

Enmendar ese patrón requiere unas cuantas cosas, un líder entre ellas, la capacidad de reducir cuánto das, permitir a otras personas dar tanto como tú, y confiar en que lo harán, porque finalmente has elegido a alguien que encaja bien contigo.

Aquí, parte del problema es que nos hablan de encontrar personas que sentimos como si fueran de casa. Y si tu «casa» estaba llena de patrones poco saludables y de relaciones tóxicas, lo que sentirás que forma parte de tu casa es en realidad el último lugar en que deberías estar.

A menudo te sentirás muy cómodo con personas que para ti «sientes como si fueran de tu casa», pero no de un modo muy bueno. Forma parte del trato injusto que recibes cuando no tuviste esa familia emocionalmente disponible, segura y amorosa, mientras crecías: un montón de consejos de «¡Limítate a hacer esto!», que en absoluto se te pueden aplicar.

Así que ahora que estás aquí, probando esta idea como un par de zapatos que tienen todos los niños de la escuela, pero que tienen un aspecto horroroso en ti, y tú sólo intentas encontrar una forma de hacerlos funcionar para poder adaptarte. Y de algún modo debe ser culpa tuya.

En situaciones más extremas crees que has encontrado ese sentimiento de «hogar» y, vaya, ahora ha pasado un año y sí, esto es tan violento como el infierno. Y no pudiste verlo porque lo sentías tan determinado, tan perfecto, tan predestinado, tan «adecuado». Porque, de una forma triste, sí lo sentías «adecuado». Te habías acostumbrado a una expresión muy poco saludable de «amor», ya fuera suficiente para que te sintieras realmente querido, o no. Como consecuencia, tu sentimiento de hogar podría realmente ser una señal de aviso, que es algo que tardé toda mi vida en aprender.

En esos casos, esa amistad no es el sino ni el hado. Tu «simplemente parecía adecuado» no es una amistad perfecta, es un vínculo traumático. Tu sentimiento de «tengo que hacer lo que pueda para realizar esta labor, incluso en perjuicio propio» no es una amistad fiel; es una dinámica familiar que inconscientemente te mantiene atado a esta persona que tal vez no sea buena para ti. Si fuiste capaz de tener relaciones saludables cuando se estaba formando tu cerebro de niño, pensarías *Sí, es demasiado trabajo, paso de eso*, o *En realidad no nos divertimos tanto, no, gracias*. La amistad conllevaría probar el uno al otro y ver si encajáis, en lugar de forzar un zapato de una talla más pequeña que la tuya a que entre en tu pie porque quieres de verdad que funcione, y ya estás acostumbrado a tener que forzar zapatos dolorosos en tu cuerpo; por lo tanto, ¡claro que sí! Un ajuste perfecto.

Si tienes amistad con alguien que tiene un estilo de apego bastante incompatible con el tuyo, eso no significa que no pueda funcionar, o que sea sin duda un vínculo traumático. Pero he observado en mis propias experiencias que muchas de mis amistades están enormemente en desacuerdo con algunos aspectos de mi estilo de apego ansioso.

Esto significa, en los términos más simples, que a menudo pienso: *¿Estás molesto conmigo? ¿Estoy llevando correctamente esta amistad? ¿Cómo puedo transformar mis necesidades para hacerte feliz? No quiero que pienses que tengo demasiadas necesidades y entonces me abandones. Todo lo que me importa es que no me dejes, no, si en realidad me gusta nuestra amistad, porque si te gusto entonces puedo sentirme seguro.* Y mis amigos de apego evitativo suelen pensar: *Por favor, no pidas nada más de mí. ¿Debería abandonar pronto esta amistad? Es más fácil estar solo. Todo lo que me importa es poder dejarla siempre que quiera y nunca aproximarme demasiado, de forma que pueda sentirme seguro.* Ninguna opción es correcta o errónea, pero puedes ver cómo esa amistad sería extremadamente complicada de desarrollar por ambas partes.

Pero muchos apegos ansiosos se precipitan hacia apegos evitativos, como una polilla hacia una llama brillante, porque nos *convertimos* en ansiosos teniendo cuidadores que no pudieron o no supieron amarnos y cuidarnos de forma consistente, ¿y ahora tenemos a una persona que no puede o no quiere amarnos y cuidarnos de forma consistente? ¡Tachán! (Es el sonido de la caja registradora del infierno).

En cuanto me informé sobre los estilos de apego examiné todas las relaciones amorosas anteriores a través de la lente de lo que había aprendido, pero nunca estudié mis amistades pasadas y actuales con exactamente la misma lente hasta hace poco. Y cuando lo hice fui consciente de que prácticamente todos los amigos que yo había tenido poseen un estilo evitativo en un grado evidente, de verdad, por no decir todos. Simplemente, yo no sabía aún nada sobre ese tema, así que siempre recurrí al «¡Ja, ja, ja, opuestos! ¡Somos adorables!», lo cual es cierto para algunos, pero es una lente esencial para examinar las cosas si no consigues todo lo que deseas de las amistades buenas en teoría.

Vuestros estilos de apego revelarán los fundamentos que permiten que una amistad sea fuerte de verdad, o algo que tú tal vez nunca consideres seguro si se queda sin tratar. Y después puedes utilizar esa información para reforzar las amistades que crees que sólo necesitan un pequeño ajuste, juntos. Quiero destacar «juntos» con un millón de rotuladores, porque, en la mayoría de mis amistades, creía que, si efectuaba todo el trabajo por los dos, me querrían. ¡Guau, vaya sueño extraordinariamente digno de alabanza! Pero la verdad es que, independientemente de lo duro que trabajes, no puedes suponer que tu «ayuda» te asegurará que alguna otra persona esté deseosa y sea capaz de hacer ese trabajo en sí misma, o que ya esté lista para hacerlo. La idea de que «la gente puede sólo conocerte con la profundidad que se conocen a sí mismos» es cierta.

No puedes decir a alguien: «¡Creo que estás haciendo esto probablemente debido a una experiencia traumática *x*, así que haz esto otro!». Aunque tu intento pretenda ser útil, esa persona tiene que llegar a eso por sí sola. Es su camino por explorar y descubrir. Y a veces simplemente estás más adelantado en la tarea de entender tus propias necesidades y deseos que tu amigo en este momento. Tal vez quiera tu ayuda para llegar allí, o tal vez no. Éstos son sólo fragmentos de información para tenerlos en cuenta. No siempre puedes ver esto hasta que empiezas a detectar las grietas de tu relación, a las cuales puedes no dar importancia, o bien dejar que la amistad se siga rompiendo hasta que queden demasiados trozos que ya no se pueden ignorar.

* * *

En muchas de mis amistades con personas que tienen apego evitativo, he observado que hay un patrón que consiste en empujar y tirar, y no siempre comienza de la forma que creías. He observado muchas veces apegos evitativos que dan comienzo a una amistad con atrevidas declaraciones de amor, regalos y promesas que a veces se parecen a bombardeos de amor (que normalmente es cuando un interés amoroso te impregna de cariño, en un grado prácticamente abrumador, como forma de captarte para la relación, tan sólo para que esas expresiones se detengan totalmente una vez que te adentras en ella).

El bombardeo amoroso se suele considerar una táctica de manipulación en las relaciones sentimentales, pero algunas amistades que he tenido reflejan esta práctica exactamente de formas que he observado sólo hace poco, aunque no necesariamente con intenciones maliciosas. Y la parte más difícil de esto es que, a menos que sepas con seguridad que la intención de alguien es manipularte (sería como recibir un enorme torpedo), la mayoría de las personas que hacen estas grandiosas declaraciones y te cubren de afecto, y después, de repente, dejan de hacer cualquier cosa que habían prometido de forma absoluta, no lo hacen porque se trataba de un gran engaño. Simplemente pueden haberse sentido entusiasmados de verdad por ti, y es seguro que querían seguir haciéndolo, pero después se dieron cuenta de que no podían.

Muchas personas con apego evitativo quieren hacer las cosas que prometen con sinceridad, y también sinceramente quieren decir las cosas que dicen, pero después se asustan de lo mucho que se preocupan por esta nueva persona, o se dicen a sí mismos que de todos modos esta persona probablemente no quiera las cosas que ellos prometieron, así que ¿por qué va a importar? Da comienzo la retirada hacia un «me va mejor solo, porque no tengo que preocuparme por acercarme a alguien». E incluso dejando a un lado el estilo de apego, muchas personas se esfuerzan por seguir hasta el final, debido a que desean que sus propios problemas se puedan solucionar de forma mágica, pero no pueden. Eso sí ocurre. Y en esos casos es importarte recordar que «no eres tú, son ellos»; pero, puesto que no puedes conocer las razones secretas de alguien si él mismo no te las cuenta, y el apego evitativo es el menos probable de todos para decirte cómo están sufriendo, todo lo que tú sabes es que han hecho promesas que no cumplen y te sientes decepcionado. Y tienes toda la razón para sentirte molesto por eso si continúa sin ninguna explicación o alguna señal de que cambiará algún día, en especial si eres alguien que necesita constancia por parte de los demás.

La falta de constancia y la poca disposición a hablar sobre sus emociones son, sin lugar a dudas, los mayores problemas que he tenido con mis amigos con apego evitativo. A menudo me encuentro sintiendo que se molestan por algo y creyendo que yo tengo que encontrar las palabras adecuadas para que me lo cuenten, para conseguir que se sientan suficientemente cómodos para decirme si se sienten molestos, perseguirles cuando corren e intentar no sentirme herida cuando no ofrecen mucho en el plano emocional. Y así comienza ese tira y afloja.

Puesto que he tenido muchas amistades en las que ha aparecido este patrón, y resulta muy estresante, quizás te preguntes cuál sería el lado positivo de ser amigo de una persona con un estilo de apego conflictivo, y la respuesta es que hay dos cosas: 1. Te recuerdan a los vínculos tóxicos que tuviste con tus cuidadores, que te parecen «cómodos», y 2. A veces, aunque vuestros estilos de apego sean diferentes, vuestros lenguajes de amor son acertados y esta combinación genera algo poderoso inmediatamente. Muchos amigos con apego evitativo que he conocido adoran cocinar, y yo soy una verdadera prostituta para cualquiera que me alimente. También se les quiere porque ofrecen regalos, y yo soy de igual manera una prostituta para los regalos. 3. A veces, simplemente, en verdad, te gusta esa persona porque *una persona no es su estilo de apego.*

Los problemas tienden a surgir de la confianza que puedes descubrir con esa dinámica. Como persona con apego ansioso, suelo pasarlo mal confiando en que no hay ninguna cuerda unida con la amabilidad de alguien, que no hay ninguna trampilla por la que esté a punto de caer por «tragarme el cuento». Y cuando aparece esa ansiedad, lo mejor que puedes hacer es limitarte a seguir recibiendo y dando, confiar y darle tiempo, poco a poco. Y poco a poco puede convertirse en el hecho de ver un mal *reality show* de televisión y tener noches de tarta de queso y patatas fritas, en las que sólo coméis toda una tarta de queso y gofres juntos, llevando ropas cómodas y siguiendo a la espera de lo mejor. Y recordándote a ti mismo que, cuando aparezcan esas inseguridades, tal vez necesites consuelo y esperes que él se muestre abierto para proporcionártelo.

Es probable que, si en este momento tienes una amistad como ésta, ya hayas visto unas cuantas señales de advertencia que te indican que esta amistad va a ser complicada, aunque dudo si llamarlas así, porque no siempre son extremas, de ningún modo. A veces las señales de advertencia no presagian exactamente una fatalidad, de la misma forma que tu amigo te dice que hay dinámicas en juego que necesitan tratarse, de las que necesitáis hablar claramente, y hay que trazar un plan para asegurarse de que todos se sienten bien en esta relación a pesar de las señales de advertencia. Pero si tú no eres del tipo que saca a relucir el tema, o no estás seguro de cómo hacerlo, o si te preocupas al mencionarla, ellos abandonarán (apego ansioso) esa dinámica infecciosa, generando una podredumbre que, si no se trata, podría matar toda la planta, desde las raíces hasta la parte superior.

Y aunque sí les hables sobre lo que tú necesitas, y te escuchen y te prometan trabajar en ello, tal vez, en último término, no puedan dártelo. No porque no quieran, no porque no les importe, sino porque su disposición es distinta a la tuya. Es mucho más fácil pensar que alguien no cubre tus necesidades porque no le preocupas en absoluto, o porque es simplemente una mala persona, fin de la historia. Es mucho más difícil darte cuenta de que alguien quiere cubrir tus necesidades, pero no puede.

Resulta brutal oír que alguien es incapaz de darte ciertas cosas que son muy importantes para ti, no porque no lo quiera, sino porque su cerebro tiene problemas para hacer eso, o porque su pasado le ha indicado que la única forma de sobrevivir consistía en conservar con cautela esa parte de sí mismo, por culpa de sus propias partes sin sanar. ¿Cómo mantienes todas las partes de eso, la parte que le quiere y le acepta con todas sus limitaciones actuales, pero también podrías necesitar un poco más de su parte debido a tu propio pasado y tus partes que aún no han sanado? ¿Cómo pides algo que tal vez sea complicado o incluso doloroso para que te lo dé, y eres una mala persona si haces eso? No lo sabes, así que te limitas a intentar resolverlo.

En los mejores casos, si ambas personas pueden ceder y encontrar algo en medio que les funcione, ésa puede ser la forma de avanzar y es muy hermoso cuando puede ocurrir. Pero incluso con la mejor comunicación, una persona evitativa tal vez nunca entienda por qué una persona ansiosa necesita tanto consuelo cuando se aleja, y no puede poner límites ni expresar abiertamente lo que necesita, lo que quiere y necesita, aunque le expliques que las personas con apego ansioso a menudo no pueden hacer esto porque sienten que, si necesitan algo, a la otra persona no le gustará y las abandonará, por lo que aceptarán las normas relacionadas con el hecho de ofrecer. Y las personas con apego ansioso quizás no puedan entender cómo en los apegos evitativos pueden ser libremente ellos mismos, algo que hay que tomar o dejar, y establecen límites siempre que lo necesitan, aunque saben que es porque los apegos evitativos no temen tanto abandonar a alguien; ellos tienen más miedo de quedar atrapados o ser heridos de nuevo, por lo que ¿qué es lo peor que puede ocurrir si ponen un límite y al otro no le gusta? ¡Vuelven a estar solos, lo que les parece más seguro, en cualquier caso: todos ganan!

Puede ser difícil para ambos darse cuenta de que el estilo de apego de la otra persona no es algo que haya elegido, lo mismo que ocurre con el tuyo. No pueden ser mejores por arte de magia y darte lo que necesitas de la noche a la mañana, y tú no puedes dejar de necesitar mágicamente lo que necesitas de la noche a la mañana. Y en estos casos, el apego ansioso a menudo se rendirá y trastocará sus propias necesidades para adaptarse, para no perder a su amigo evitativo, a pesar de sus preocupaciones crecientes.

Y una de esas preocupaciones que me surgen suelen ser los amigos que tienen la costumbre de ofrecerme con frecuencia algo maravilloso y que después simplemente nunca lo hacen. Y no hablo de las personas que a veces se olvidan y sólo tienes que recordárselo porque son humanos y es algo que ocurre, o personas que te dicen «¡Oh, lo olvidé por completo! ¡Te lo daré el martes!», y después te lo dan ese día. Hablo de personas que te prometen constantemente algo de forma habitual, ya sea un regalo o un buen gesto, y tú dices «¡Muchas gracias!», sientes esa intensidad, y ellas sienten esa intensidad, pero después nunca lo hacen y tú te vuelves loco del todo.

Sientes que no puedes sacar el tema porque parece extraño enfadarse con alguien por ofrecerse a hacer algo encantador y después no sigue hasta el final. Y te sientes mal al tener que enviar una nota a tu amigo —¡solamente para dar vueltas a esto!— que se ofreció a hacer algo agradable para ti, ¡como si en este momento fuera tarea tuya asegurarte de que lo hace! Una pesadilla. Así que en este momento te vuelves loco y sientes que no puedes volverte loco ni deberías volverte loco, y después también te vuelves loco por eso.

Déjame decirte algo que me gustaría saber entonces: ¡Está muy bien volverse loco por eso! Extremadamente bien, independientemente del estilo de apego, sin importar sus intenciones. ¿Si esto te parece mal, ocurre en todo momento y la otra persona sabe que te molesta, y tú quieres más que tan sólo disculpas y una solución rápida en ese momento (véase: «¡Lo haré el jueves y lo prepararé para ti!», y entonces el patrón vuelve a comenzar la próxima vez), y tú necesitas ver cambios a largo plazo o ya no quieres ser su amigo? Claro. Y es mucho mejor que la alternativa, que es fingir que no te molesta porque te sientes estúpido al molestarte por eso. Que es lo que yo solía hacer.

Tienes que hablar sobre eso, aunque conlleve que puedan dejarte, que la situación se complique o algo peor. A veces, cuando yo era capaz de armarme de valor para mencionar cosas como ésta a mis amigos por primera vez, o por quincuagésima vez, me ponía muy nerviosa y entonces ellos escuchaban, reconocían que habían hecho eso, sí lo habían hecho, se esforzaban por no hacerlo y la situación parecía prometedora, y entonces... ellos simplemente seguían haciéndolo, a veces incluso durante la propia conversación.

Hubo muchas ocasiones en mis amistades en que yo pensaba que la respuesta era limitarme a darles más oportunidades, ignorar la creciente lista de decepciones e intentar reducir todo lo que necesitaba para adaptarme a lo que pudieran darme. Y desde entonces me he dado cuenta de que éste es el peor plan en todos los sentidos.

Decimos a la gente que queremos y aceptamos completamente a alguien con todos sus defectos, que queremos y aceptamos las cosas que no pueden cambiar, y eso es algo que he creído toda mi vida y que sigo creyendo, pero en este momento con la muy firme advertencia de... *a no ser que te cause dolor.*

Nunca entendía cuando la gente decía que no puedes amar a otra persona si no te quieres antes a ti mismo. Me parecía perfectamente bien querer a otras personas por completo, aunque dejaba para mí las sobras, feliz del todo, asegurándome de que las necesidades de otras personas quedaban cubiertas de forma consistente, mientras las mías lo eran «si tenían tiempo, no te preocupes». Pero ahora creo que esa frase en realidad significa «tienes que elegirte antes a ti mismo para que sea de verdad un amor saludable». Tienes que asegurarte de que se cubren tus necesidades y también las de tus amistades. Tus propias necesidades no pueden y no deben ser una añadidura. Y ofrecer un amor y una aceptación totales a las personas que están cerca de ti, mientras tú te conformas con sólo lo mínimo, o menos que ellos, te matará en todas las ocasiones.

Por tanto, te animo a que te preguntes a ti mismo: «¿Qué necesito de mis amistades que resulta totalmente necesario recibirlo, independientemente de todo lo que me gustan o de cuanto tenemos en común? ¿Y qué amistades tengo que no cubren esas necesidades, y les he comunicado antes esas necesidades, y si lo he hecho, por qué estoy BIEN con esa persona que no cubre esas necesidades?». Cuando por fin te das cuenta de que la otra persona no está dispuesta o no puede cubrir tus necesidades, sin importar cuánto has intentado hablar sobre ello, lo único que puedes hacer es distanciarte de momento, o abandonarla por completo. Y en medio de tu dolor, quizás descubras que necesitas no hacerles caso o incluso bloquearles en todos los sentidos, y lo sentirás como algo *horrible*.

Antes de las redes sociales, podías tomarte un descanso de una amistad, o dejar de ser amigo de alguien y después no verle hasta que quisieras. Era doloroso, sí, pero no había pasos adicionales que tuvieras que dar para separarte de él. No tenías que dirigirte a su casa y dibujar una X en su buzón para que supiera que le odiabas por completo. Podías limitarte a dejar de hablarle. Tal vez seguíais viéndoos y resultaba incómodo, o, que Dios no lo quiera, ibais juntos a la escuela y tenías que verle en los pasillos. Pero nunca tenías que pensar *¿Dejo a esta persona a la que quise una vez y que significaba tanto para mí, en una, si no en todas, las plataformas de las redes sociales? ¿Es infantil eso? ¿Es necesario? ¿Es doloroso? ¿Es cruel? ¿O sólo una formalidad? ¿Es permanente o temporal?* Y después enfrentarse con el hecho de haberlo hecho de verdad.

Tú sabes que has hecho esto sólo porque no funcionaba, el dolor es muy grande y la pena tiene que comenzar, y necesitas que se haya *ido* digitalmente. Al menos por ahora. Pero en cualquier momento en que he tenido que hacer esto, me sigo preocupando por haberle hecho daño de verdad al bloquearle, a pesar de decirme a mí misma que esto no estaba pensado para dañarle, y que no era esa mi intención. El hecho era que no podía mirar a esa persona que yo sentía que sabía lo que yo necesitaba y ella no me lo daba, no podía dármelo, al menos no en ese momento, posiblemente nunca, recordando, con intensidad, personas de mi niñez que sabían lo que yo necesitaba y tampoco me lo daban. Y por fin establecer incluso esta separación respecto a ellos. En cualquier caso, la sentía como si fuera la muerte. El amor seguía ahí, esos sentimientos y esos recuerdos permanecían, pero ahora que afrontaba cómo influía en mí esta amistad, no podía ya escapar de ella. No puedes evitar lo que necesitas.

Creo que, más que cualquier otra cosa, muchos de mis amigos evitativos y yo podríamos haber sido compañeros de trabajo perfectos, amigos casuales perfectos, algunas veces amigos perfectos. Pero tan a menudo lo bueno es tan bueno con ellos que los ves más, hablas más con ellos. Y cuanto más cercanos estáis el uno del otro, más consciente eres de lo que necesitarías de ellos siendo así. No soy capaz de decirte cuántas veces he estado con alguien con un apego evitativo que me ha dicho que yo soy una de sus mejores amigas, y yo me sentía muy confusa. Mi primer pensamiento era *¿De verdad? ¿Cumplí yo?*, y el segundo era *Pero ¿por qué ocurre que no siempre siento esa cercanía, esa seguridad, contigo?*

Yo siempre sólo suponía que, cuando eras el mejor amigo de alguien, ambos obteníais lo que necesitabais la mayor parte del tiempo. Nadie en secreto se sentía vacío y un poco engañado, en un sube y baja interminable, en apariencia fuera de su control y por completo bajo el control de la otra persona.

Cuando vemos en la televisión que los opuestos se atraen y son amigos, pueden ser opuestos superficialmente, sí, pero he observado que, cuando los contemplas más de cerca, a menudo son extremadamente parecidos en su interior. Y por eso los vemos cambiar fácilmente para adaptarse al otro, sin importar dónde se encuentren: porque tienen que hacerlo o esa amistad de ficción no funcionará. Sin embargo, en la vida real no suele ser tan fácil.

Con muchas de mis propias amistades de este estilo, yo había adoptado el papel de una persona muy cautelosa, «es como yo quiero o nada», una persona muy complaciente, e intentaba que se convirtieran en mis mejores amigos. Y así, POR SUPUESTO, el más precavido disfrutará más sintiéndose cerca de la otra persona, y por supuesto quien complace a la gente pensará *Vaya, ¿no quiero a ésta personalmente?* Es una combinación irregular que requiere mucha conciencia por ambas partes, y la capacidad de ser tú totalmente, en lugar de contorsionarte para ser quien crees que el otro quiere que seas. Así que, cuando estos amigos me decían que se sentían extremadamente cercanos a mí, yo me sentía sorprendida, porque de ellos me llegaba un sentimiento más parecido a lo que tendría con un amigo casual. Y en esos momentos te sientes muy confuso y un poco engañado. Ellos consiguen todo lo que quieren y hablan con entusiasmo sobre eso, mientras que tú te sientes excluida porque conocen tus necesidades y tus límites, y no parecen ser conscientes de ello ni de preocuparse si traspasan tus límites.

Lo ideal sería que alguien te dijera «¡Eres uno de mis amigos más íntimos, para mí eres como de mi familia!», y tú dirías «¡Ah, yo también!». Pero si tu primer acto instintivo es decir «Espera, ¿de verdad?», eso puede ser un buen indicador de que esta amistad no es necesariamente saludable.

Las amistades siendo adulto deberían consistir en llegar por fin a conocer a alguien como la persona que eres en realidad y la persona que el otro es en realidad, y lo mismo en las personas en que te convertirás mientras dure tu amistad. No debería consistir en pasar todo el tiempo intentando hacerte a ti mismo más pequeño e inferior, convirtiéndote en el elegido o en lo que el otro quiere que seas; ya hiciste eso bastante siendo adolescente. Las amistades de adulto deberían ser todas las más significativas porque *por fin* te eligen por todo lo que eres, incluidas las necesidades que en este momento son seguras para compartir. Y si pensabas que esta amistad iba a ser así, y después no lo es, perdónate a ti mismo por no haberlo sabido.

No siempre sabes cuándo sobreestimas lo profunda que puede llegar a ser una amistad, o si conlleva que se perderá, hasta que lo intentas. En las relaciones amorosas solemos suponer que, si una relación es verdaderamente buena, está destinada a durar el resto de nuestras vidas, está destinada a ser La Única. Y si es cualquier cosa menos que eso, entonces será un fracaso. Y también hacemos esto con los amigos gran parte del tiempo. «¡Esto está marchando tan bien y está desarrollándose para ser algo muy parecido a lo que quiero, así que lo aceptaré y veré lo que ocurre!», aunque no siempre veas, o no quieras ver, las formas en que la amistad no podría ser capaz de mantener esa dinámica particular. Tal vez alguna de nuestras amistades, incluso aquéllas que son hermosas y significativas de muchas maneras, simplemente no nacieron para durar, del mismo modo que no puedes pedir a una sombrilla que resista una tormenta. Una sombrilla puede parecerse mucho a un paraguas, puede servir como éste para una lluvia ligera, pero, en su mayor parte, las sombrillas están pensadas para los días soleados, protegiéndote lo suficiente del calor y nada más. Si hay más presión, se desarmará, se quiera o no, lo hayas esperado o no. Y si lo hace, tienes permiso para desear una amistad que pueda darte todo lo que necesitas, aunque el otro no entienda esas necesidades porque las suyas son diferentes. Tienes permiso para rechazar a alguien que puedas conocer en donde te encuentras. Y apenarte por todas las sombrillas rotas que has perdido a lo largo del camino.

Cómo identificar y pedir
lo que necesitas

Al menos una persona quiere ayudarte, quiere, quiere.

IT WAS ROMANCE, «IF YOU NEED ANYTHING CALL ME»

Hace años, antes de formar mi banda It Was Romance, yo tocaba música con un guitarrista y un baterista todas las semanas, y éste último sufrió un accidente leve de coche. Mi guitarrista en aquel momento, Evan, me llamó inmediatamente y me dijo «¡Tenemos que ir a ayudarle! ¡Comprémosle bebidas y comida, y le haremos ver que estamos disponibles para él!». Yo, por supuesto, estaba de acuerdo en ayudarle, y también su familia le ayudó rápidamente, además de su pareja y muchos amigos que acudieron. Durante ese mismo período, yo me encontraba en una profunda crisis de salud mental que se hacía cada vez más evidente en los ensayos, pero nadie dijo «tenemos que ayudarla». Como mucho, oí «Si necesitas cualquier cosa, llámame».

Siempre he odiado esa frase.

Para mí, implicaba que la persona afectada tenía la obligación de contar con la energía emocional, el tiempo, los sentimientos de valía y el conocimiento de aquello que necesitaba pedir; lo cual yo, raramente, por no decir jamás, he tenido todo al mismo tiempo. En muchas de mis amistades anteriores, me he comprometido en una complicada dinámica consistente en averiguar lo que está bien necesitar y y lo que está bien pedir. ¿Explico mis necesidades con claridad? ¿Quedan mis necesidades sin cubrir porque esta persona no está dispuesta o es incapaz de hacerlo?; ¿o bien es capaz de comunicarse conmigo para cubrir mis necesidades, pero simplemente no me estoy comunicando con él de forma que pueda escucharlas? Y si no es así, ¿cómo encuentro las palabras para hacerlo?

¿Qué es razonable esperar de un amigo, especialmente si es alguien que sueles ver?, ¿y cómo se supone que conoces la respuesta si no conseguiste tampoco lo que necesitabas de tu familia y tus amigos anteriores?, ¿es posible que ni siquiera conozcas las alternativas?, ¿qué sucede si necesitas demasiado, y el miedo al rechazo te impide buscar las amistades con las que sueñas?

Se trata de un menú que nunca antes has visto. Por algunas personas sé que sería fácil contestar «Me gustaría que me escucharas» o «Quiero adoptar un cachorro, por favor, encuéntrame un cachorro»; pero no siempre es fácil llegar al punto en que sabes lo que necesitas y puedes pedirlo sin temer que alguien se enfade contigo por pedir formas de consuelo inadecuadas.

¿Qué se te permite necesitar? Esto varía entre una y otra persona, así que puede parecer alarmante decir «¿Puedes pasarte por aquí y hacerme trenzas en el pelo?», si todo lo que la otra persona quería ofrecer era comprarte una cerveza. ¿Te decepcionan las personas que hay en tu vida porque no son buenas, o te decepcionan porque no puedes pedirles lo que necesitas de forma que puedan oírte? Tú no conoces la respuesta, y después crece tu resentimiento, tanto hacia los demás porque no saben intuitivamente lo que necesitas, como hacia ti mismo, por no ser capaz de articular lo que necesitas y cómo pedirlo. De igual modo, ¿quieren no decepcionarte y odian lo que han hecho, pero las cosas que necesitas están fuera del alcance de lo que pueden ofrecerte y no están seguros de cómo manejarlo? Es un trabajo doloroso de hacer y agotador para manejarlo. ¿Y por qué la gente no puede ser igual que en las películas, caray? Pero volvamos al guitarrista.

Evan y yo nos llevábamos extremadamente bien, siempre y cuando no nos adentráramos en ningún territorio emocional profundo. Tocábamos bien juntos, nos divertíamos mucho y nos adorábamos el uno al otro con sinceridad, pero más allá había un umbral invisible que se interponía, donde su capacidad para preocuparse por mí parecía tener fin. El umbral parecía ser «cualquier cosa de la que yo hablase y que fuese algo más profundo que temas adecuados de los que se habla de forma superficial». Debido a eso, yo supuse que él tal vez no fuera el tipo de persona que estaba disponible para quien necesitara ayuda, pero yo seguía esperando equivocarme, y él se dio cuenta por lo que yo estaba pasando, que alguien vería las señales. Siempre que alguien dice «Ella hace eso sólo para que le presten atención» o «es sólo un grito de ayuda», es como si ¿entonces dónde está mi atención? ¿Dónde está mi ayuda? No sé cómo estos dos términos se convirtieron en algo que utilizamos para demonizar e ignorar más a alguien que representa esa desesperación porque cree que al principio no le han oído.

Yo había visto muchas películas sobre músicos que ven a uno de sus miembros pasar por una adicción o una depresión, y le ayudan a superarla. Recuerdo haber leído que Hayley Williams decía que hablar con su guitarrista, Taylor York, cuando pasaba por malos momentos era lo que le permitía seguir durante aquella época. Se supone que sois una familia, siempre hay apoyo mutuo, y yo quería tener eso en gran medida. Pero mi experiencia en este aspecto era del tipo «Deja tus problemas en la puerta». En cierto momento incluso escribí una canción sobre esta situación exacta, utilizando lo que yo creía que eran referencias evidentes a esta dinámica, tanto con ellos como con muchas otras personas de mi vida de aquel tiempo, pensando que por fin me oirían y pensarían «Guau, esta persona necesita ayuda de verdad y ha compuesto esta estupenda canción pop sobre ese tema». Pero todo lo que parecían pensar era *¡Menuda canción pop! ¡Toquémosla!*

Me dije a mí misma que quizás yo no había expresado lo mal que me iban las cosas, aunque las hubiese contado explícitamente, y me dije que quizás sólo ocurría que no eran personas a las que les importara demasiado los demás ni cuidaban de ellos de esa forma. «¡Y a mí qué!». Hasta el accidente de mi baterista, cuando Evan entró inmediatamente en acción con «Debemos ayudarle de las siguientes maneras».

Yo estaba tan desconsolada al saber que existía esto, para esta persona, con un brazo levemente magullado, que había hecho saber lo poco importante que fue el incidente, pero no para alguien que estaba disputando una batalla mental por su propia vida. Después de varias semanas internalizando estos sentimientos, pregunté a Evan abiertamente por qué había sido tan fácil para él hacer eso por nuestro baterista, y en cambio cada vez en que yo recurría a él en busca de ayuda, sintiéndome tan sola, no decía nada.

Me han dicho que tiendo a murmurar cuando necesito ayuda, y tengo que hacer un gran esfuerzo para emitir un susurro, tanto que a mí me parece estar gritando. Pero sé que, lamentablemente, los demás no suelen percibirlo. Y puesto que supongo que ellos pueden verme utilizando todo mi valor y mi energía para, por fin, gritar lo que necesito, una y otra vez, deben estar ignorándome, capaces de oírme por completo y decidiendo no hacerlo, cuando, en realidad, resulta que nunca ni siquiera me oyeron abrir la boca.

Tengo recuerdos vívidos de haber sido adolescente y de haber intentado encontrar un modo gracioso e informal de decir a la gente que me rodeaba que estaba luchando, para que no sintieran que les estaba agobiando. Lo trágico es que la forma en que se lo decía era casi siempre *demasiado* graciosa, por lo que nunca se daban cuenta, y la parte peor es que ¡*sigo haciendo esto*! Y sólo espero que la gente no se deje engañar y que sienta desesperanza cuando invariablemente no lo hacen.

En este caso, Evan me dijo que es fácil saber qué ofrecer cuando alguien tiene un pequeño problema: comprarle una cerveza, llevarle un guiso, y asunto arreglado. Pero cuando alguien está tratando con algo más complicado, con más matices, algo que no puedes ver fácilmente con rayos X, es más difícil saber lo que podría necesitar, así que te limitas a no hacer nada.

He visto esto en muchas ocasiones. Cuando los amigos no pueden observar ningún problema visible, no se sienten seguros respecto a cómo ayudar, especialmente cuando estás tratando con algo sobre lo que no hemos hablado tan a menudo como sociedad. Y saber eso, oír a Evan decirlo, no convertía la experiencia en algo menos aislado. Yo le había explicado que, para mí, la cura era la misma: puede seguir siendo comprarme una bebida, tentempiés o sólo escuchar. Hacer que alguien se sienta atendido, hacerse visible. Y era doloroso decirle eso y *todavía* no verle hacer ninguna de esas cosas. Y entonces, unos meses después, en los momentos finales de nuestra amistad, él me dijo que mis problemas le parecían una molestia; un cuchillo en la tripa, la expresión de los peores miedos.

La forma en que manejamos o ignoramos el dolor de otras personas parece una extensión de preguntar a alguien cómo le va el día. Todos sabemos que la respuesta correcta a esa pregunta es «Bien, ¿y a ti?», aunque no sea la verdadera respuesta. Gran parte de la cultura puritana consta de tópicos y buenos modales, interés e inversión a nivel superficial. «¡Oh, no, alguien se ha roto un brazo! ¡Envíale una tarjeta y asunto terminado! ¡Ahora puedes decir que has hecho algo! Has ayudado. Qué persona tan buena eres. ¡Hurra por ti!».

Pero ¿qué sucede si ocurre algo más profundo? ¿Algo más desagradable, más emocional, menos fácil de solucionar con una tarta comprada en una tienda y un globo con forma de oso que has cogido de camino a casa? Bien, en este caso hay una solución muy sencilla, y la respuesta es no hacer nada e insinuar a esa persona que debería buscar un terapeuta porque tú permaneces alejado de todo esto. «Entiéndelo, colega. ¡Que tengas mucha suerte!». No importa que hagas muchos intentos por encontrar un terapeuta que sea adecuado; es caro, y el hecho es que tus amistades deberían ser capaces por lo menos de ofrecer una empatía mínima y un lugar seguro para que compartas lo que te ocurre de verdad.

Evidentemente, en muchos casos, todo para lo que alguien está equipado es escuchar, pero sigue habiendo un modo activo de escuchar, un modo empático de escuchar que parece más cordial que un silencio de muerte, que puede hacer sentir a la otra persona que debería dejar de hablar lo más pronto posible porque te está inquietando.

Años después, me encontré con Evan en una cafetería donde yo estaba sentada y escribiendo mi primer libro. Él estaba sentado a mi lado y yo estaba muy nerviosa porque podría ser tan incómodo para él como lo era para mí. Pero fue cariñoso y maduro, y yo estaba muy abierta a la idea de conseguir esa cosa rara de las rupturas de amistades o de las rupturas de cualquier tipo: pasar página. Charlamos educadamente y entonces dijo: «Vaya, yo quería contártelo, he pensado mucho sobre la forma en que te traté en el pasado y lo siento. Tú necesitabas a alguien de verdad, yo no estuve allí para ti y te traté mal». Recuerdo que fue sencillo, sincero y extraño, porque sí parece extraño que alguien que te hizo daño reflexione y diga: «Guau, yo fui el culpable y lo lamento». Aunque tardase años, nunca es demasiado tarde para oír a alguien decir que le hubiera gustado hacerlo mejor por ti. Fue profundamente sanador y de alto valor, y aunque debería ser lo mínimo para muchos de nosotros, es una revelación.

Pocas veces hablamos de lo doloroso que puede ser intentar encontrar a alguien que pueda estar disponible para ti, independientemente de cuáles sean tus problemas. Y lo normal es sentirnos frustrados por los momentos de nuestras vidas en que no nos ayudaron totalmente, ni nos hicieron caso, ya sean amigos del pasado o actuales.

Con mucha frecuencia, en las descripciones de lo que es ser amigos de los medios de comunicación, los problemas que comparte la gente son bastante comunes y simples: ayudar en una ruptura, ayudar en una discusión rutinaria entre parientes que normalmente se quieren, pedir un aumento de sueldo en el trabajo, la muerte de un ser querido. Hemos cubierto estas cosas triviales y generalmente no vamos más allá de eso. Pero, más allá de esas descripciones, sólo podemos observar los modelos de amistad que nuestros compañeros, padres y hermanos experimentan junto a nosotros, y es difícil valorar lo que les ocurre de verdad, porque seguimos en gran medida en el exterior, mirando hacia dentro. Gran parte de lo que necesitamos aprender sobre las amistades es fruto de la experiencia, y rara vez nos enseñan a manejarlas: «Me gustan y yo les gusto a ellos; ¡somos amigos, posiblemente no existan otros problemas!».

Eso quiere decir que hemos enseñado en gran medida a la gente a ser amigos sólo en estas situaciones limitadas, y hemos dejado la impresión de que no hay un patrón de cómo ser un buen amigo en otras situaciones; o peor, hemos comunicado a la gente que las cosas más complicadas y dolorosas de la vida se mantienen mejor desde tu interior, lejos de quienes se supone que te pueden ayudar.

Y si eres una persona que tienes problemas con tu salud mental, tal vez no seas capaz de entablar contacto, no sabes cómo hacerlo, o no sabes si es seguro tener contacto en esta ocasión.

Cuando la gente oye que alguien ha muerto por suicidio, suelen suponer que la persona debería haber pedido ayuda, y ¿por qué no lo hizo? Pero no es tan fácil. No podemos crear una cultura en la que no esté bien hablar sobre cualquier cosa «siniestra» o abrumadora, incluso a nosotros mismo, por no hablarle a otro; y después nos preguntamos por qué perdemos a las personas con problemas de salud mental. No podemos seguir convirtiendo a las personas en islas porque ya no sabemos cómo hacer eso, y entonces decimos a quienes necesitan más que deberían «conseguirlo en otro sitio».

No podemos preguntarnos continuamente, cada vez que ocurre un suicidio, por qué la persona «no dijo nada», cuando, en algunos casos, es probable que lo intentara y no la escucharan y/o simplemente pensara que ya no lo podía intentar más.

He visto a algunas personas decir cosas como «Tus amigos no son tu terapeuta». Y sí, es importante asegurarse de que hay una esperanza razonable de trabajo emocional que podemos esperar de los amigos, dependiendo de su nivel de comodidad, y que sólo puedes conocer preguntándoles qué pueden soportar, qué está fuera de su alcance y qué espacio pueden dejar para ti. Dicho esto, si alguien te pregunta si estás bien, debe estar preparado para que le digas que no, y estar preparado para dejar espacio para ese no. De nuevo, es vital que ambas personas se preocupen la una por la otra y que nadie ayude a expensas de su propio bienestar mental y emocional. Pero, en malas manos, la frase «Tus amigos no son tu terapeuta» tal vez transmita un mensaje erróneo a alguien en apuros.

De igual modo, no necesariamente es «cargar con el muerto» pedir a alguien que deje espacio para ti y tú le has preguntado por sus límites: es cuestión de compartir y conseguir ayuda. Es más probable que consista en cargar el muerto si empiezas a hablar de experiencias traumáticas personales con alguien que no conoces bien, o si no se les da la oportunidad de decir que no se sienten cómodos oyéndote hablar sobre eso, o si no tienen la energía necesaria en ese momento. Debes proceder con precaución y sensatez en estos casos, por supuesto. Y siempre existe la opción de comenzar a hablar sobre estas cosas con tus amigos diciendo: «Oye, ¿tienes lugar/tiempo para hablar sobre...?», si sabes que les puede resultar difícil.

Pero, en general, no necesitamos reforzar, ni siquiera sin querer, la idea de que las amistades no son el sitio al cual acudir con cualquier cosa real, y que deberías guardar todo eso estrictamente para tu terapeuta, que puedes tener o no tener. Especialmente cuando alguno de esos amigos podría querer ayudar mucho, pero tú no estás seguro de cómo pedírselo.

Las personas que tienen problemas suelen oír que es responsabilidad suya «abrirse a alguien». Ese consejo es, en verdad, una sandez. La razón por la que es una sandez es que, normalmente, cuando esa persona ya se abrió a alguien en el pasado, éste último reaccionó de forma dañina (es importante insistir en que esto suele suceder porque vivimos en una sociedad que ha fracasado en gran medida en el acto de educar adecuadamente a la gente sobre cómo manejar estas situaciones, en lugar de criticar a esa persona en concreto), y con ello hizo pensar que abrirse a la gente es malo. Esto es doblemente cierto si a esa persona la criaron en un hogar en el que se pedía ayuda con frecuencia, sólo para que no le hicieran caso, la despreciaran o la ignorasen por completo. Con razón, ya no van a sobrellevar el hecho de abrirse a otra persona.

Así que, si te encuentras preguntándote si deberías abrirte a alguien porque puede necesitar ayuda, pero no estás seguro, es algo totalmente comprensible. Si alguien es realmente bueno en el acto de ocultar qué es lo que ocurre de verdad, y tú no tienes ni idea, entonces eso queda fuera de tu control. Y puesto que nos han educado para preguntar «¿Cómo estás?» y para contestar «Bien. ¿Y tú?», y seguir adelante, nos han animado a no hablar sobre qué sucede en realidad, aunque alguien sí quiera saberlo. ¿Cuál es la razón por la que siempre me gusta decir «¿Cómo estás? Y sé totalmente sincero, ¿cómo estás?». Porque algunas personas (yo incluida) a menudo necesitan recordar el hecho de escapar del ciclo de «¡Bien! ¿Y tú?», y deben saber que, en ese momento, resulta seguro ser sincero de verdad. Lo cual, de nuevo, debería querer decir que ahora puedes oír realmente esa respuesta y hacerte ver por esa persona. No hay nada más doloroso que tener a alguien que diga que quiere saber de verdad si estás bien, tú tienes la energía necesaria para decir que no y después recibir una respuesta estremecedora. Entre esas reacciones pueden incluirse:

- No decir nada en absoluto.
- Cambiar de tema por completo o hablar sobre ella misma.
- Decirte que no te sientas así porque «¡Eres estupendo!», o recordarte todas las razones por las que no deberías sentirte así.

De nuevo, estas respuestas no son terribles porque sean maliciosas, pero parecen terribles para alguien que prácticamente no se abrió en absoluto, pero que con valor lo hizo de todas formas, y en ese momento estáis hablando sobre tu nuevo coche todoterreno.

Dicho todo esto, es evidente que no soy médico. Pero soy una persona con una historia por completo demasiado larga de tratar con problemas de salud mental conmigo misma y con las personas que quiero, así que puedo decirte que todas esas cosas son increíblemente dolorosas de escuchar.

Y si no estás seguro de qué buscar en términos de «señales de advertencia», puede ser tan sencillo como ver a un amigo sintiendo un interés desesperado y perdido hacia las cosas que normalmente le encantan, luchando de verdad en unos cuantos ámbitos de la vida, «bromeando» sobre querer rendirse o sintiendo que todo es simplemente intolerable. A muchos de nosotros se nos enseñó a mostrar nuestros verdaderos sentimientos en chistes o en sentimientos alegres que pueden consistir sólo en comprobar para asegurarse de que los chistes son en realidad sólo chistes, y confiar en tu instinto cuando veas señales de advertencia, aunque alguien diga que está bien.

Por supuesto, si no manejas perfectamente las cosas y tu amigo termina haciéndose daño o empeorando, nunca es culpa tuya. Y aunque hagas todas las cosas siguientes, tu amigo probablemente seguirá necesitando esforzarse mucho. Pero decir las cosas adecuadas en lugar de las inapropiadas puede marcar la diferencia en gran medida.

Así que a continuación te dejo las cosas que puedes hacer cuando tu amigo parezca estar luchando de verdad:

1. **Dile que sientes que sufra tanto.** Muchas personas que sufren de verdad con su salud mental sienten que los demás no entienden la gravedad de la situación ni la inmensa e insoportable cantidad de dolor que puede haber en el interior. Dile que le escuchas, que lo observas y que sientes que esté pasando por todo esto.

2. **Ofrécete a pasarte por su casa y hacerle compañía.** Cuando yo tenía problemas reales, no puedo decirte cuántas veces sólo quería que alguien me visitara y se sentara a mi lado. Ni siquiera teníamos

que hacer nada. Sólo quería que estuvieran conmigo. Por tanto, ofrécete a hacer eso.

3. **Llévale algo pequeño que demuestre que piensas en él.** Si sabes que lo está pasando mal, la próxima vez que le veas llévale su zumo favorito, un batido, un refresco o un llavero con algo que sepas que le gusta. Recuérdale que sigue habiendo cosas buenas en el mundo y que tú te preocupas por él.

4. **Si no tienes idea de lo que está sufriendo, no necesitas fingir que sí.** Si has tenido problemas mentales parecidos, eso a menudo puede ayudar a alguien al oírlo. Pero, a menudo, cuando alguien sufre algo doloroso, la gente se siente tentada a decir: «¡Sé exactamente por lo que estás pasando!», cuando tal vez no se parezca en absoluto. Yo, en general, evitaría el «¡Sé exactamente por lo que estás pasando!», a no ser que estés totalmente seguro de que la situación y las emociones son exactamente las mismas, lo cual es poco frecuente.

5. **Dile que no tienes idea sobre qué decir.** ¿No sabes qué decir? ¡No hay problema! Pero decir «No sé qué decir» es mucho mejor que soltar un chiste, cambiar rápidamente de tema o no decir nada en absoluto, todo lo cual puede ser perjudicial. Tal vez no necesites decir nada, de todos modos. Quizás sólo necesites escuchar. Y llevar magdalenas. Montones y montones de magdalenas.

6. **Pregunta si tiene un terapeuta o un buen sistema de apoyo.** Tal vez su terapeuta ya le haya hablado sobre la lucha contra esto, pero quizás no. Puede que su terapeuta no sea muy bueno. Es posible que lo estén trabajando, pero que siga siendo difícil. Tal vez no tenga terapeuta y puedes ayudarle a encontrar uno. Suceda lo que suceda, ¡pregunta! Pero también deja claro que tú estás allí para hablar, no para hacerte pasar por un terapeuta o por alguna otra persona que posiblemente no exista.

Algunas personas quizás argumenten que no es «su trabajo» ayudar a alguien en esa situación, y ante eso yo digo: la amistad es totalmente voluntaria, hay un tipo de «términos y condiciones» que la acompañan, y podéis decidirlo juntos, por supuesto. Y sí, si la amistad ya no te resulta útil, ¡puedes darte de baja! Puedes cambiar. Pero cuando la gente te ha hecho sentir que sólo le gustas cuando estás contento (o fingiendo estarlo), que tu dolor les resulta molesto y que no saben por qué les molestas, es totalmente correcto decir: «Oh, ¿era bastante razonable suponer que alguien que me considera amigo íntimo, y que dice que me quiere, quisiera ayudarme en momentos de necesidad? ¡Pero no hay problema, supongo que esta amistad no es para mí!» ¡Y sí, a veces es inapropiada! O costosa: en el plano mental, emocional, físico o incluso económico. Pero eso es por lo que te comunicas, es por lo que llegas a decir lo que necesitas y preguntas lo que te pueden dar. Como todas las relaciones, la amistad es una negociación en curso.

No tienes por qué ser un profesional de la medicina para presentarte ante alguien, al contrario de lo que creo que mucha gente ha internalizado. Así que, si eres alguien a quien le preocupa un amigo y quiere ayudarle, creo que debemos dejar de empezar a decir «No creo ser la persona adecuada para hablar sobre esto», como nuestra declaración de principios. Por muchas razones. En primer lugar, si empiezas diciendo lo que *no puedes* hacer, la otra persona podría pensar que te está ofendiendo (lo que probablemente ya teme cuando pide ayuda). En su lugar, empieza por lo positivo. La «persona adecuada» puede ser cualquiera, y en realidad depende de lo que el afectado diga que necesita.

Entonces, antes de meterte de lleno en advertencias, escucha. Oye lo que tu amigo está pasando y valora lo que podrías ofrecerle personalmente para ayudarle, aunque te parezca insignificante. Puedes decir algo como «Lamento oír eso. Estaría contento de venir con comida, seguir escuchando o hacer varias llamadas en tu nombre para conseguir más recursos, porque eso puede ser abrumador. ¿Es útil algo de eso?». Y aunque diga que no, habrás tomado la iniciativa de un modo que demuestra que estás disponible, que sí te preocupas y que estás ofreciendo todos los recursos con que podrías ayudar.

De igual modo, a veces alguien puede recurrir a ti porque necesita ayuda, pero tú te encuentras en una situación en que también necesitas ayuda. Eso ocurre muy a menudo con mis amigos y yo y, cuando surge, no hay problema en decir que también estás bajo el agua en ese mismo momento y que desearías poder hacer más, pero que le quieres y le escuchas. Y después siempre puedes intentar hacer más por él cuando te sientas mejor. De cualquier forma, una respuesta activa sigue siendo mucho mejor que «Vaya, eso no es bueno, tío» y cambiar de tema.

La única forma de apartarnos de una cultura que estigmatiza las enfermedades mentales consiste en abrirse si parece que alguien a quien quieres tiene problemas y tú dispones de tiempo para hacerte visible para él.

Tenemos que ayudarnos los unos a los otros, y eso tiene que ser dinámico. Tiene que contradecir las cosas arcaicas y limitadas que nos han contado sobre cómo está bien implicarse o cuánto se puede necesitar. Debemos empezar activamente mostrando unos a otros lo que podemos dar, así como practicar cómo podemos recibir.

Por tanto, a menudo puede parecer que la vida sería mucho más fácil si no nos necesitáramos unos a otros, si todo el mundo simplemente pudiera pedir lo que necesita de un modo que lo oyésemos, o si todo el mundo pudiera intuir lo que necesitamos, de forma que no tuviéramos que decirlo. Es muy fácil pensar que las personas son islas, y que cualquiera que queda atrapado en otra isla es porque ha hecho algo mal, o bien debería abrirse a los otros sistemas de apoyo que tal vez tenga o tal vez no, porque «no deberíamos tener que» cuidar de él. Y ésa es la razón principal por la que deberíamos elegir con cuidado las amistades que cultivamos, de forma que, si alguien que hemos elegido, alguien que queremos, se encuentra más aislado de lo que sabíamos y no tiene a nadie excepto a nosotros, consideraremos esto como un regalo, una oportunidad para ser la persona que finalmente hace acto de presencia. Detectar su SOS y por fin contestar a la llamada, preferiblemente antes incluso de que tenga que hacerla.

Qué hacer si te enamoras de tu amigo

Harry: Sólo se tardó tres meses.
Sally: Doce años y tres meses.

CUANDO HARRY ENCONTRÓ A SALLY

Como cualquiera que aprecie el buen cine, yo me he sentido profundamente influenciada por *Cuando Harry encontró a Sally*. Para muchos de nosotros, esta película fue el plan de acción para decir «Oh, sí, éramos sólo amigos que nunca antes habían pensado en el sexo. ¡Nunca! ¡Él era como un hermano para mí! Y entonces, un día pensé: "Espera, ¿estoy… enamorada? ¿De TI? ¡Muy extraño!"», a lo cual doy vueltas en la cabeza a todos los niveles, porque he imaginado enamorarme de casi todas las personas que he llegado a conocer (porque, ¿qué ocurriría si no los considerase mi media naranja y después tuviera que pasar años siendo consciente de ello? De ninguna manera. Yo quería saltar a las partes buenas, ¡gracias! Se deben tener en cuenta todas las alternativas, siempre).

La fascinación de la voluntad de que no serán amigos, como Ross y Rachel, de *Friends*; Nick y Jess, de *New Girl*; Mónica y Chandler, de *Friends*; Dana y Alice, de *The L Word*; Robbie y Julia, en *The Wedding Singer*; Idgie y Ruth, de *Fried Green Tomatoes*; Cher y Josh, en *Clueless* (¿recuerdas cuando era un gran propósito tener un hermanastro del que enamorarse? Sigo persiguiendo esa euforia); y Luck y Lorelai, en *Gilmore Girls*[3], era que ellos verdaderamente iban a tenerlo todo: una

---

3. La autora cita varias series de televisión estadounidenses. *(N. del T.)*.

amistad íntima y profunda que alcanzaban mediante muchos cambios en su vida, un lugar para caer derrotados cuando las relaciones amorosas no funcionaran de la forma que habían esperado, un plan alternativo, aunque sólo subconscientemente, de alguien que siempre los quería, se desarrollara en el plano físico o no. Según la cultura popular, primero se supone que eres el mejor amigo de alguien, y después ignoras la química amorosa hasta que es demasiado para que uno de ellos pueda manejarla, o los dos-. Y después tienes una cita y te enamoras, o bien tienes una cita, es un desastre y volvéis a ser amigos, sólo para terminar casándoos unos cuantos años más adelante, una vez que ambos habéis crecido y/o era el final de la serie.

Por tanto, vamos a examinar esta idea de que ser una mujer con un mejor amigo, que es un varón sexi, es extremadamente ideal. (Esto también representa a cualquier género atraído por quien sea, pero, por alguna razón, en realidad a los medios de comunicación sólo les gusta mostrar a personas heterosexuales que son amigos y que en secreto se quieren besar. (¡Pregúntate por qué puede suceder eso!). A pesar de las promesas de un millón de comedias románticas que triunfan y parecen infalibles, la realidad puede ser… menos que eso, y de las siguientes maneras:

1. **«¡Él te dará consejos de chicos!»**. No sé por qué nos han dicho que tener a hombres como amigos conlleva que pueden explicar universalmente los trabajos interiores de hombres que nunca han conocido, pero la verdad es que la gente es complicada y que nadie se comporta de forma lógica el cien por cien de las veces.

2. **«Los hombres son mucho "menos dramáticos"»**. El mito de que «ser amigos de chicas siempre conduce a un drama» es sexismo bien empaquetado en su mayor calidad. Los hombres se vuelven deprimidos, extraños, celosos, competitivos y egoístas del mismo modo que las mujeres. Todos podemos ser personas sensibles, extrañas y mezquinas, y para esto no hay ningún código tramposo exclusivo de un género.

3. **«¡Quizás, si empezamos como amigos, algún día acabaremos juntos!»**. Hay muchas películas sobre esto, demasiadas, así que ¿por qué no lo querrías? Y aunque es muy posible y ha ocurrido a algunas

personas (¡el rayo golpea a veces!), eso no significa que sea un caso claro en todas las ocasiones.

Lo cierto es que no hay una configuración del tema sobre «Esto funcionará bien definitivamente» en el mundo real, pero sigue siendo algo con lo que soñamos muchos de nosotros. Porque, si funciona, consigues muchas cosas buenas. Inicias años de relación con ellos porque ya conocen tu pasado y a tus *ex*, y tú conoces a sus *ex*, su pasado. Sabéis cómo ser mejor el uno para el otro porque sabéis lo que no funcionó en vuestras relaciones anteriores. Ellos ya conocen tus inseguridades y todas las cosas que te hicieron ser quien eres. Y así no tienes que transmitir recuerdos dolorosos por primera vez cuando surgen las cosas que te ponen ansioso. Consigues la libertad de no tener que esperar a ser tu verdadero yo con ellos porque ya conocen desde hace años a ese hermoso tipo raro y sigue ahí, lo cual es muy poderoso. Y no tienes que ponerte nervioso por conocer a sus amigos o a sus padres porque es probable que ya conozcas a todas esas personas, que te quieran y que tú las quieras.

Y puesto que todo eso parece un sueño total, aunque sabemos que contamos con un pequeño intento para darnos cuenta, cuando en apariencia viene hacia nosotros, al menos tenemos que intentarlo.

Y en apariencia me llegó a mí cuando conocí a Logan.

En muchas relaciones de mi pasado siempre elegí a un amigo para conseguir cualquier cosa que necesitara. Y si lo perdía, sentía como si muriese. He leído que esto es muy común en personas que han sufrido mucho daño: te obsesionas con una persona que parece segura porque no puedes encargarte de valorar la seguridad de múltiples personas. Hablamos sobre los peligros de hacer esto con nuestras parejas, los inconvenientes de quedar con alguien y después ya no hablar con tus amigos y limitarte a concentrarte en tu pareja. Decimos a la gente que esto es malo porque ¿qué ocurre si rompéis la relación? No te quedarán más amigos y no tendrás a nadie. Y esto también es extremadamente cierto para las amistades.

Logan se convirtió en ese amigo. Y puesto que yo soy una Solitaria Molona que vive mayormente en su cabeza, por supuesto nos conocimos por Internet. Él me seguía en Twitter y vi que era un escritor de comedias a quien le gustaba mucho mis publicaciones, así que busqué algunas de sus cosas y pensé que era divertido: en verdad la base de la mayoría de las amistades por Internet. «Te gustan mucho mis cosas, a mí también me gustan tus cosas, ¡ahora somos amigos!». Le envié un mensaje privado y le dije que teníamos varios amigos mutuos, y charlamos un poco, antes de que él pasara a escribir un correo con el tema de «El gran salvaje oeste de los límites de la personalidad».

Sus correos eran divertidos y personales, e incluía referencias que sutilmente me hacían saber que me quería conocer, haciendo preguntas sobre mi banda y mis escritos, y siempre terminaba sus correos con «(1317 caracteres)», el número de caracteres de los rigurosos límites de Twitter.

Era ese tipo de amistad en la que no estás seguro de si os estáis convirtiendo en mejores amigos, enamorándoos o ambas cosas. Pero esperas lo primero en primer lugar y principalmente, idealmente lo segundo, y lo tercero tiene lugar poco después: todos ganan.

Estoy segura de que la mayoría de la gente elegiría enamorarse de alguien con una amistad platónica, pero ¿en mi caso? Ni loca. Sí, soy romántica y a menudo había amado para hacer que las cosas terminaran de esa forma, pero al mismo tiempo enamorarme de alguien con quien sólo me estaba haciendo amiga generaba más ansiedad porque parecía que lo convertía en algo más delicado, más probable de acabar. Pero, si yo sólo era amiga de alguien, parecía más probable que pudiese durar para siempre, o por lo menos establecer una base más firme unos años más adelante para el amor. Y yo prefería tener una amistad duradera, para toda la vida, que conllevase un anhelo ocasional, antes que jugármelo todo en algo que nunca debería haber sido en absoluto una relación sentimental, y que acabáramos odiándonos y evitándonos si coincidíamos por la calle. Para mí, las amistades suponen una oportunidad mejor a largo plazo, aunque sea con personas con las que a veces quieres quedar.

Yo tenía algunas reservas la primera noche que pasamos juntos Logan y yo, principalmente porque observé que sus ideas para una comedia eran juguetonas y tontorronas, como «¿Qué sucede si los alienígenas se dejan ver?», y las mías eran catárticas e insistentes, como «¿Qué sucede si las mujeres se ponen a hablar sobre las experiencias traumáticas y después esas experiencias dejaran de ocurrir?». Me frustraba que a muchos hombres se les permitiera pensar en cosas extrañas y estúpidas, mientras que muchas de nosotras nos limitábamos a intentar solucionar las experiencias traumáticas de nuestras vidas para disponer del espacio mental necesario para pensar en cosas como *¿Qué sucedería si el pan fuera tu mejor amigo en la Luna?* Pero quedaba equilibrado por el hecho de que él sabía que a mí me encantaba Stevie Nicks, y él aprendió a tocar con la guitarra Landslide para que yo pudiera cantarla mientras él la tocaba; y él también era alérgico al gluten y compraba unas galletas verdaderamente buenas. ¿Tocar música conmigo y darme tentempiés? Me siento completa.

Durante los meses siguientes, nos convertimos en los mejores amigos, los de mis sueños. Estábamos juntos casi todos los días (no quiero presumir, pero también fue *en persona*) y escribimos escenas divertidas. Me traía comida cuando venía y cuidábamos juntos a los perros de mis amigos. Habría seguido siendo así, excepto por dos cosas que ocurrieron rápidamente después de comenzar: 1) Yo estaba muy segura de que estábamos enamorados, no habíamos hablado sobre eso y era algo que necesitábamos hacer, y 2) Él encontró trabajo en Los Ángeles.

La primera llegó a su punto crítico en la fiesta de karaoke de un amigo, en la que yo había pedido a Logan que acudiera conmigo. Él escogió varias canciones para que las cantáramos juntos: «Time After Time», «God Only Knows» y algunas otras del mismo tipo, como «Tú eres todo para mí, yo te amo sin ninguna duda, y sería un poco extraño cantarlas juntos si sólo fuéramos amigos platónicos sin sexo».

Todo el mundo en la fiesta nos contemplaba de esa forma: como si fuéramos una linda pareja, pero no, éramos Mejores Amigos.

Yo estuve en esa fiesta, y con las canciones que elegimos me di cuenta de que tenía que decir algo. Ver las caras de la gente diciendo «Vaya, qué pareja más linda que, por supuesto, se besan» era como un espejo de la realidad de que nos encontrábamos en esa parte tan dulce de una comedia romántica en la que te preguntas: *¿Nos amamos el uno al otro?* Era como Harry y Sally, excepto que estábamos en la parte incómoda en que hay que dejarlo en suspenso y empezar a quedar con otras personas, o bien admitir que nos gustábamos y finalmente seguir con ello. Por eso, al final de la noche de karaoke, después de que ambos hubiéramos llegado a casa, le llamé por teléfono. Incluso ahora puedo recordar mis sentimientos vívidamente.

Yo estaba caminando por mi habitación, sin querer estropear las cosas, pero sin querer negarlas tampoco. E hice esto, diciendo lo siguiente: «¡Oye! Quiero decir algo, y si estoy equivocada no hay problema, pero creo que no lo estoy, y sólo quería comentarlo para que podamos hablar de eso, sea lo que sea. Y de nuevo, si me equivoco, no hay ningún problema». Él rio y dijo: «Seguro, ¿qué pasa?», y yo dije: «Parece que, de alguna manera, ¿nos gustamos? Porque *parece* en gran medida como si estuviéramos el uno dentro del otro. Y otra vez, si me equivoco no pasa nada. Es sólo que lo noto mucho y muchas personas lo han visto esta noche, así que supuse que teníamos que tratar el tema. Hablemos de ello».

Él rio y dijo: «Totalmente. ¡He pensado mucho en eso! Pero ésta es la cuestión: yo siempre echo a perder todo con la gente. Mi relación amorosa más larga ha durado un mes. ¡Un mes! Simplemente tiendo a arruinar las cosas después de eso, o se echan a perder. Y cuando terminó esa relación me sentí muy mal, y sé que estropearía las cosas contigo. Y por eso, aunque sí tengo esos sentimientos, mucho, no merece la pena cruzar esa línea y tal vez perder a alguien que es tan importante para mí». Y yo dije algo tranquilizante como «¡Totalmente! Seguro. ¡Lo entiendo!», cuando lo que quería decir era «Oh, Dios mío, ¿me quieres? Te puedo esperar. Además, ¿por qué me tratas como a tu novia si no lo soy? Es un tema que deberíamos aclarar. De nuevo, sólo mientras tanto, hasta que vayas a terapia o te hagas un trasplante de cerebro y te des cuenta de que eres lo suficientemente valiente para volver a querer. ¡Házmelo saber!».

Pero en mi interior yo sabía que esto significaba que tenía que establecer ciertos límites. No podía considerarle mi novio, él no podía tratarme como a una novia. Esto no era una estupenda amistad «y más», como en las películas. Esto era *Cuando Harry encontró a Sally*, pero todavía en la primera mitad, cuando Harry tenía veintiséis años y estaba asustado, en lugar de, en el tercer acto, cuando tiene treinta y tantos y por fin está preparado. Y antes de que yo pudiera empezar a analizar cómo sería esta nueva realidad de amistad y cómo apartar estos sentimientos, aunque estuvieran, con las palabras de Sally Albright, «ya ahí fuera», Logan aceptó el trabajo en Los Ángeles. Me sentí destrozada.

Recuerdo haber asistido a su fiesta de despedida, no mucho después de nuestra llamada telefónica de «¿Te gusto?», y estar allí sentada, presentándome físicamente a todos los asistentes como «¡Hola! Soy Lane. Logan me dijo que, si iba a estar con alguien, sería conmigo»; «Soy lisa y, llanamente, su novia, estamos muy enamorados». «Soy su mejor amiga. ¡Estoy segura de que puedes verlo!». Pero yo sólo era su amiga. Una entre muchas. Y al ver allí a otras mujeres me pregunté si él también sentía eso mismo por todas ellas.

La noche tuvo esa energía extraña y dispersa de acudir a una fiesta con tu Mejor Amigo, en la que no conoces a ninguno de sus otros amigos porque has creado esta burbuja donde sólo estáis vosotros dos, y ahora de repente están presentes en la fiesta, y tú los ves por primera vez como amigos de otra persona.

Llegaste al interior de la burbuja porque querías que estuvieseis sólo vosotros dos, como mejores amigos. Mejores amigos que se están enamorando. Lo cual es una forma excelente de darse cuenta de que tienes una idea muy pequeña de cómo actúa esta persona cuando no estáis sólo vosotros dos, que probablemente sea una buena cosa de saber sobre alguien, especialmente si te estás enamorando de él. Y en ese momento ya no estáis sólo vosotros dos. Ahora eres tú, en una fiesta donde está él, además de todo el mundo, y tú también estás allí. Y no debería parecer algo horrible, pero lo era.

Cuando nos despedimos esa noche, había también otras personas allí, por lo que no tuvimos la despedida que yo habría deseado: los dos llorando, abrazándonos como si nuestras vidas dependieran de ello, celebrando todo lo que habíamos tenido y todo lo que iba a venir, aunque pronto estaríamos más lejos de lo que nos gustaría. En su lugar, nos dimos el adiós que das en una gran fiesta en la que aún quedan otros invitados: «Me ha encantado verte, ¡que tengas una buena noche!». Me fui a casa andando y lloré durante todo el camino, limpiándome las lágrimas, como si hubiese perdido a mi mejor amigo, o a mi novio, o ninguna de esas cosas, y yo, de algún modo, me lo había imaginado todo. Y nada podía reemplazar todo el espacio que él había creado en mi corazón, que en ese momento era sólo una habitación vacía que hacía eco cuando yo hablaba.

Supongo que podía haber mantenido la amistad con Logan a larga distancia, pero no parecía poder hacerlo en ese momento. No quería coger lo que finalmente había sido una estupenda amistad en la vida real y convertirla en otra a larga distancia, especialmente cuando, de algún modo, le quería tan profundamente en ese momento. Él nunca dijo «No te preocupes, Lane, ¡seguimos siendo grandes amigos y estamos enamorados el uno del otro!» o «¡Te llamaré todas las noches!». Simplemente se marchaba, y parecía sobreentenderse que en la práctica seguía estando disponible si yo necesitaba algo, pero lo que habíamos tenido cuando él vivía cerca se había perdido.

Durante las semanas siguientes yo estaba más afligida de lo que podía imaginar, y me dejé caer en un agujero de autodestrucción, agotamiento y duelo, en un intento por aligerar todo el dolor que sentía y conseguir algún alivio de todo ello.

Cuando conocí a Logan y nos *caímos bien*, yo había dejado de concentrarme en construir alguna otra cosa con otros amigos porque estaba segura de que él era El Único. Es en gran medida como jugarte todo lo que tienes en una máquina tragaperras, y si ganas resulta una victoria enorme, pero si no ganas simplemente lo pierdes todo. Y tal vez sea mejor apostar en unas cuantas máquinas, pero dejar la mayor parte de tu dinero en los bolsillos, en los ahorros, en tu amor propio y tu autoestima, lo cual yo aún no sabía cómo hacer.

Si haces que una persona sea todo para ti, es más probable que hagas cualquier cosa para que el asunto funcione e ignores las cosas que no consigues, cosas de las que en realidad deberías hablar, sólo para asegurarte de que no lo pierdes todo. Además de eso, al invertir todos tus recursos, energía y tiempo en una persona, tus otros amigos no sólo pierden ese tiempo contigo, sino que ya no están al tanto para decirte «Oye, esa amistad con Logan parece un poco tóxica porque ambos estáis enamorados o, como mínimo, ahora estás muy enamorada de él y sólo esperando un momento para poder estar juntos. ¡Creo que yo valoraría eso un poco!». Hablamos sobre los maltratadores que te aíslan de tus amigos y tu familia para conseguir más control sobre ti y tu toma de decisiones, y no quiero presumir, pero ¡puedo hacer todo eso por mí misma!

En la más ideal de las situaciones, podríamos estar en un lugar nosotros solos, donde seamos suficientemente tal como somos, cualquiera pueda ir o venir y estaremos bien. Pero cuando todavía no nos encontramos en ese lugar porque es un sitio saludable y de sanación, al que tal vez sea difícil llegar, y se tarda años o vidas en lograrlo, alguien que vaya o venga puede transformar nuestra actitud por completo. La pérdida puede sentirse como algo catastrófico. Porque ahora confiamos en otras personas para sentirnos bien, conectados, incluidos, seguros y valiosos. Y si se marchan, aunque sigan preocupándose por nosotros, a algún lugar por ahí, tal vez nos sintamos sin sostén, sin un camino para volver a tierra.

¿Dónde vas ahora? ¿Te limitas a volver a empezar? Se tarda mucho tiempo en formar vínculos sinceros y profundos. Pero, a pesar de lo difícil que es ser consciente de esto, no puedes estar con alguien sólo porque ya has pasado mucho tiempo con él. Esta «falacia del coste hundido» es algo que me he dado cuenta de que se puede aplicar en gran medida a amistades y relaciones de todo tipo: la idea de que ya has pasado tanto tiempo con ellas que tienes que mantenerlas y seguir trabajándolas, o de lo contrario perderás lo que has «invertido». Pero lo cierto es que, cuando dedicas más tiempo en algo que no funciona, no estás recuperando ese tiempo en absoluto, simplemente estás perdiendo más. Creo que a menudo nos aferramos a esta solución porque da menos miedo y se consume menos tiempo que intentar encontrar a otra persona o tener la paciencia de esperar que llegue la nueva.

En cualquier caso, si estás enamorado de tu amigo y sabes que necesitas más límites, lo más importante que puedes hacer es ser sincero contigo mismo y con la otra persona, y establecer límites para ti mismo en torno a todo ello.

Para mí, fue estupendo hablar abiertamente con mis amigos sobre el deseo de que ellos no se entrometieran en mi amistad con Logan. Y fue estupendo que él lo reconociera, pero hubiera deseado haber puesto límites mayores y mejores, en lugar de pensar que yo probablemente debería haberlos puesto y después haberme permitido a mí misma dejarme llevar por *¡Oh, Dios mío, lo ha admitido, me quiere de verdad!*, mientras yo siguiera siendo silenciosamente su hipotética novia, que espera a que en algún momento él estuviera preparado emocionalmente para pasar de ser un amor hipotético a otro real, que existiera abiertamente en el mundo.

Y déjame decirte que establecer nuevos límites con alguien de quien estás enamorado y sigues queriendo que seáis amigos puede ser extremadamente complicado y doloroso, y ésa es la razón por la que tal vez tuvieras que tomarte algún tiempo hasta que fueras capaz de adaptarte e interactuar realmente sólo como amigos. Y quizás durante ese descanso seas consciente de que nunca fuisteis «sólo amigos», y que sólo funcionó cuando interviniste a un nivel de «Guau, aquí hay tensión, y salimos juntos sin estar abiertos a lo que surja, de un modo que no siempre me parece bueno, pero, vaya, está bien». Sea lo que fuere, ponerse límites es como pulsar un botón de reinicio en cualquier cosa que estuvieras haciendo antes, por lo que, con suerte, puedes mantener el amor que compartiste y renunciar a las partes dolorosas de las cosas de las que no se han hablado. Tu amistad podría parecer un poco más diferente que antes, y eso está bien si lo que tenías antes no funcionaba.

Si estabais predestinados a permanecer unidos, tener por fin una amistad llena de límites saludables sólo servirá de ayuda a cualquier relación amorosa que puedas tener en el futuro. Y, mientras tanto, deja ir a los «y qué si», y apuéstalo todo a ti mismo.

Cómo configurar tus niveles de amistad: Desde los amigos casuales hasta los amigos íntimos, y de vuelta otra vez

Michael: ¿Qué sucede, Rogelio?
Rogelio: Te echo de menos, me parece como si tuviéramos un *bromance*[4] bastante serio.

JANE THE VIRGIN

Yo siempre he tenido una Suerte Con Extraños muy buena, que es lo que yo llamo conocer en poco tiempo a un extraño total y conectar de verdad con él durante ese tiempo concreto, y de una forma que no esperaba. Un buen ejemplo de esto ocurrió hace unos años, cuando me encontraba en un avión y observaba a una mujer con un bonito abrigo de color verde, en la cola, detrás de mí. Después de aterrizar hubo una terrible tormenta de nieve que hizo que todo fuera frenético en lo que se refiere al transporte. Había llamado para solicitar que un taxi estuviera preparado para cuando bajáramos del avión, pensando que habría una batalla por conseguir uno. La señorita del bonito abrigo de detrás de mí (me lo diría más adelante) me oyó hacer esa llamada

---

4 Un *bromance* es una relación íntima entre dos varones, sin llegar al contacto sexual. *(N. del T.)*.

y pensó *Guau, esta persona sabe lo que se hace. ¡Voy a seguirla!*, y esperó conmigo en la zona de recogida de equipajes antes de iniciar una conversación. Varias conversaciones después, sobre nuestro amor compartido por Logan Echolls, de *Veronica Mars*, las dos compartimos un taxi hacia Brooklyn. Ella estaba de visita en New York, permanecimos juntas todo el tiempo en que estuvo aquí y hemos sido amigas desde entonces. No hablamos continuamente, ni tampoco nos vemos, pero me encanta que un encuentro fortuito se convirtiera en algo más.

Hay algo muy valioso y hermoso en los amigos que he hecho en poco tiempo en el avión, en el metro o caminando por el parque. ¡Y no siempre tienen que transformarse en amigos íntimos! Tener a alguien con quien te has relacionado brevemente de una forma significativa de verdad sigue siendo una forma de amistad, de gran valor por propio derecho, aunque pienses que debería convertirse en algo más que eso para que «tenga importancia».

A menudo me he esforzado por estar satisfecha con tener relaciones profundas con alguien que está de paso, sin convertirse en una amistad íntima que se mantiene para siempre, por lo menos en parte debido a todo lo que hemos interiorizado para valorar cuánto tiempo llevamos conociendo a alguien, más allá de en qué grado hemos conectado de verdad. En muchas de mis experiencias con la Suerte Con Extraños, esas personas tal vez no hayan sido un buen ejemplo de una amistad más profunda, pero funcionamos muy bien como conocidos o como personas a las que hemos conocido en ese preciso instante de tiempo.

La verdad es que tener una excelente Suerte Con Extraños, además de interacciones realmente memorables y dignas de recuerdo como ésta, es significativo si significa algo para ti. Algunos de mis recuerdos favoritos incluyen a personas con las que sólo he hablado durante diez minutos, o que he conocido sólo en un día. Estos pequeños momentos en que me he relacionado con un extraño, durante cinco minutos o cinco horas, significaron mucho para mí, aunque nunca volviéramos a hablar. Y quizás esas relaciones, tan efímeras como fueron, estaban destinadas a ser exactamente eso. Hay muchos ejemplos de amistades de este tipo, que sirvieron a su propósito en aquel momento, tal vez no estaban destinadas a durar toda la vida, y no hay problema en ello.

Hay un grupo de mujeres que conocí el último verano, cuando estaba haciendo un viaje y me encontraba pasando el tiempo sola en la piscina del hotel, antes de mi representación. Una de ellas propuso tomarme unas bonitas fotografías en la piscina, y yo acepté, al principio nerviosa y después con mucho gusto. Me sirvieron una de las apetitosas bebidas que tenían todas y pasamos el rato en la piscina, durante horas, hablando de todo, simplemente de todo, de esa manera de «chicas que conoces en el baño del bar a las dos de la noche», que se percibe como una droga. Y ahora a todas nos gustan sinceramente nuestras publicaciones en las redes sociales, y siempre que las veo en mis actualizaciones me acuerdo de la forma tan guay como nos conocimos. No intento convertirlas en amistades muy íntimas, aunque quizás algún día lleguen a eso. Pero deberíamos poder ver esas amistades tan hermosas como son, sólo durante ese momento de tiempo.

De igual modo, sería estupendo que todos tus amigos del instituto y de la universidad, o de tus antiguos empleos, siguieran siendo compatibles contigo durante el resto de tu vida; pero a muchos de nosotros no nos ocurre eso. Y no tienes que conservarlos para siempre, ni intentar permanecer tan cercanos como estuvisteis en el pasado, si eso ya no tiene sentido para ti.

Puede haber amigos con los que te encuentras algunas veces, o con los que vuelves a relacionarte un día y te sientes bien, aunque no volváis a convertiros en buenos amigos. Considéralos amigos de segundo nivel, lo cual puede parecer duro, pero piensa en ello menos como «de segundo nivel, guau, un insulto», y más como la segunda línea de un ejército de amistades. Quizás no sean personas a las que llames cuando te ocurre algo urgente, sino personas a las que puedes llamar para divertirte. Y con el tiempo y muchos cambios de vida, tal vez esas amistades no necesiten actualizarse demasiado, o alguien quiere más y tú no sientes lo mismo, o bien llegas a un punto en que te das cuenta de que sólo deseas tener unos cuantos amigos íntimos, y punto.

Quizás las cosas que te funcionaron hace años simplemente no te funcionan ahora. Tal vez en el instituto te encantaba tener amigos que cotilleaban, y ahora crees que eso es aburrido de verdad y no lo que necesitas. O bien en los inicios de tu veintena querías a amigos que odiaban a todo el mundo, y ahora quieres estar con personas que quieren a otros más de lo que les gusta odiar. De igual modo que vas a crecer y cambiar, tiene sentido que tus deseos y las expectativas de tus amistades también crezcan y cambien. Por eso, si normalmente te encantaba tener treinta amigos casuales y ahora quieres tres amigos muy íntimos porque no tienes suficiente energía para nada más, eso es estupendo.

Sé que nos encanta pensar que hay un número mágico de amigos que deberías tener o mantener en todo momento, pero no todo el mundo ha identificado a su mejor amigo o a su grupo de amigos, y aunque lo hayan hecho, puede que sigan cambiando continuamente. La presión social de tener una cantidad determinada de –o tipo de– amigos está ahí en gran medida, pero se trata exclusivamente de una presión externa que sólo se vuelve mala, en realidad, cuando empiezas a internalizarla, cuando empiezas a creértela tú mismo.

Lo cierto es que, si tienes siquiera una persona en este mundo que sientes que es un buen amigo para ti, habrás ganado. Pero sigue siendo muy fácil que penetre esa duda, que aparezca el miedo que te dice que sólo estarás completo una vez que tengas cualquier idea de perfección sobre la amistad en la que pienses. Y después, otros días, te sientes totalmente bien con los amigos que tienes actualmente, y tus preocupaciones consisten más en averiguar cómo quieres que sean tus amigos íntimos y hacia dónde se dirigen esas amistades. No al estilo de una novia obsesiva por el que los buscas para ponerte un anillo platónico. Pero cuando muestras interés por un amigo casual o un nuevo amigo, y quieres explorar con valentía lo que podría haber, hay varias instrucciones que puedes seguir:

1. Amigos casuales / Conocidos
2. Amigos
3. El Grupo de Amigos
4. El Mejor Amigo

La forma en que muchas personas se orientan en este ámbito es teniendo un conocido con el que tienen una «chispa», y se reúnen con él de vez en cuando, hasta que empiezan a preguntarse si esa persona siente el mismo entusiasmo por esa amistad incipiente que ellas, y entonces tal vez quieran tener La Charla. Pero examinaremos La Charla en un minuto. Antes debemos advertir sobre lo frustrante y abrumador que puede percibirse el hecho de subir de nivel tus amistades.

¿Cómo sabes a quién dejar entrar en tu círculo interno? ¿Cómo sabes cómo hacerlo? ¿Qué palabras utilizas? No soy capaz de contarte cuántas veces he tenido esa chispa con un conocido o un amigo y he intentado subirlos de nivel, sólo para darme cuenta de que no somos compatibles más allá de esa chispa inicial, o que es mucho mejor que seamos amigos casuales.

Esto es una pesadilla, porque a veces esa otra persona quiere ser un Amigo Muy Íntimo, y en ese caso tienes que poner incómodamente alguna distancia entre los dos de una manera con la que no se sienta rechazado y podáis volver a ser Amigos Casuales, sin dañar los sentimientos de nadie. Y con suerte sin sentir tú ninguna frustración ante esa situación porque, maldita sea, podría haber sido estupendo si eso pudiera haber ido a más, pero lamentablemente no puede ser. Nadie tiene la culpa, pero en este momento te encuentras en ese extraño lugar intermedio, intentando averiguar cómo retirarte sin redactar expresamente un decreto formal como éste:

Querido/a (persona):

Gracias por intentar ser mi Amigo. En realidad, creo que eres más apropiado para el papel de Amigo Casual, lo que significa que detendremos todas las comunicaciones continuas y, en su lugar, nos veremos en nuestras fiestas de cumpleaños una vez al año, en cuyo momento tendremos una agradable conversación de veinte a treinta minutos, y después, de vez en cuando, cliquearemos en el botón de «me gusta» de nuestras publicaciones en las redes sociales.

Muy cordialmente
Tu ahora Amigo Casual

P. D.: Esto ya ha entrado en vigor. Por favor, no me escribas mensajes sobre ello porque simplemente resultará extraño para los dos. En serio, no te odio, no estoy enfadado contigo; así son las cosas.

Dios, me encantaría dejar de escribir esta carta ahora; la percibo como muy humillante para los dos.

Esta carta parece realmente interesante si a ti, igual que a mí, no te gusta la alternativa que suele ser El Giro Repentino. Esto tiene lugar cuando te das cuenta de que estaríais mejor como amigos casuales y no queréis hablar sobre ello, así que ahora, deliberadamente, tienes que hacer tus respuestas un poco más breves, tus tiempos de respuesta un poco más largos, dar menos gradualmente, hasta que la otra persona, con suerte, se dé por aludida. Es como dejar de responder a alguien que, en cierto momento, incluso fugazmente, estaba muy próximo a ti, lo que puede interpretarse como un despiste o un rechazo. Por eso nunca me gusta hacer eso y me siento mal si tengo que hacerlo.

Debido a este proceso de tener que «retroceder de nivel» con amigos, a menudo me he abstenido totalmente de subir de nivel a alguien; el riesgo de ese rechazo en cada final me deja sintiéndome como si no mereciese la pena ni siquiera intentarlo. Sin embargo, mi amiga, una vez me dijo que ella no lo considera un asunto importante, de verdad. Ella lo ve de una forma en que las personas de tu vida pueden y consiguen desplazarse hacia atrás y hacia delante mediante esos roles, y todo el sistema cuida de sí mismo. Nunca es nada personal, y tiene razón.

Si alguien siente que se le hiere en este proceso, siempre puede preguntarme qué ocurre. Pero, si tú eres como yo, ¡Dios mío, no querrás preguntar eso! No quieres decir «Oye, me siento como si me hubieras degradado, ¿puedes confirmar o negar esto? Y si me has desplazado, ¿hay algo que pueda hacer para mejorar la dinámica de mi relación contigo?, porque de verdad echo de menos lo que éramos», especialmente si fuisteis amigos íntimos durante mucho tiempo, y esta nueva dinámica no te parece tan buena.

Hay otro paralelismo: si eres amigo de alguien durante unos meses por casualidad y te distancias, resulta seguro decir que no eres tú, sino la otra persona. Simplemente no encajas bien, ¡oh, bueno, encuentra a alguien que lo sea! Pero si has tenido una relación más larga y profunda, y ese amigo de repente se distancia, es totalmente normal sentirse herido por ello y preguntar los motivos, ya sea que él tenga la conciencia de sí mismo o la sinceridad para decirte lo que sucedió en realidad. Y verdaderamente, en ambos casos no eres tú, es él. Pero eso no hace disminuir el dolor.

Así que, si estás preparado para moverte entre estas categorías, uno tiene que correr el riesgo, o los dos. A continuación, explico cómo las amistades se suben de nivel:

1. **Compartid el uno con el otro un poco más sobre vosotros mismos.** Esto puede ser tan personal como quieras que sea, pero a menudo aquello que nos aproxima son las experiencias compartidas, los sueños compartidos, los objetivos compartidos, los temores compartidos. Y tú sólo puedes saber que compartís esas cosas compartiéndolas el uno con el otro.
2. **Invítale a salidas en grupo y haz que conozca a tus otros amigos, de forma que cada uno entre en el mundillo del otro un poco más.** Si esto te parece abrumador, no te preocupes, hay más sobre eso más adelante.
3. **Sigue intentando conocerle, de cualquier modo en que os sintáis cómodos los dos. Y, sea cual fuere la amistad que deseáis, ésta empezará a cristalizar.** Una vez que eso ocurra, sabrás exactamente «lo que sois», o bien sentirás la necesidad de tener La Charla.

La Charla

En primer lugar, es cierto, la idea de tener una charla formal sobre tu relación con un amigo parece ridícula. Pero a veces sí necesitas de verdad saber si él se siente tan próximo a ti como tú a él, aunque parezca mejor «no etiquetarla». ¿Cuántas veces has dicho a una persona con la que tienes una relación amorosa que no te preocupaba etiquetar las cosas, cuando en realidad sí te importa? Supongo que demasiadas. De igual manera, nuestras amistades nos importan, y también importa cómo las llamamos, y lo mismo sucede con el proceso de pasar por esas incertidumbres y lo complicado que puede ser para muchos de nosotros. Porque nos preocupamos, porque queremos vivir en comunidad, porque somos seres humanos.

Yo soy una tremenda persona de «preocuparse es guay». ¿Qué sucede si reconoces que sí, que quieres una amistad íntima, que quieres un Alma Gemela Platónica? ¿Y qué sucede si eso ahuyenta a la gente, cierto, pero sólo a las personas inadecuadas? ¿Y si atrajera a otras personas que también quisieran por completo ese tipo de amistad profunda, pero que piensan que no mola decirlo? ¿Y si tú has sido el valiente que lo ha dicho, con alivio para los dos, y que ha hecho que para él también haya sido bueno decirlo? Es muy humano querer asegurarte de que no estás demasiado comprometido, ni preocupándote demasiado, ni sintiendo que esto es más valioso para ti que para el otro. Y si sientes eso, es verdaderamente importante tenerlo claro para dejar de preocuparte constantemente de si *le gustas* igual que él te gusta (pero como amigos).

La manera de hacer eso es personal para ti, por supuesto, pero si necesitas ayuda para abordar este asunto realmente delicado. A continuación, explico cómo yo –alguien que odia hablar sobre esto y que conoce el sentimiento de muerte mediante mil cortes al que puede parecerse este tipo de vulnerabilidad–, lo hice.

En un escenario perfecto, está claro que los dos queréis elevar el nivel de esta amistad porque os estáis correspondiendo y la amistad sigue avanzando. Pero si no es así, debido a vuestras inseguridades respectivas, o por ser torpes en sociedad, esto es lo que recomiendo:

Puedes comenzar diciendo algo como: «Sé que probablemente ya tienes un montón de amigos íntimos, así que es evidente que eres estupendo. Esta amistad es en verdad maravillosa e importante para mí, y me encantaría que nos aproximáramos más, si tú quieres. ¿Cómo te sientes con esto?».

Esto lleva a reconocer que sí, que todo el mundo tiene amigos y que tú no estás intentando hacerlo parecer como si llegaras desde una nave espacial extraterrestre, y él es el único amigo que has llegado a conocer, pero esta amistad de verdad significa algo para ti. Quieres reconocer lo especial que es, y quizás también para la otra persona. Los amigos adecuados para ti oirán eso y pensarán: «¡Oh, Dios mío, yo estaba pensando exactamente lo mismo! ¡Esto es realmente genial, nos estamos aproximando mucho y es estupendo!». Las personas inadecuadas no estarán en sintonía contigo o tendrán sentimientos más neutrales sobre el tema. Y en ese momento depende de ti qué hacer con esa información.

Las buenas amistades consisten en dos personas que se dan mutuamente, el uno al otro, lo que necesitan, y pueden comunicar abiertamente el hecho de llegar juntos a ese punto. Esto significa que alguien podría considerar tu relación como una amistad más informal, pero tú quieres algo más, y es en este momento cuando necesitas preguntarte a ti mismo si te sentirías cómodo de verdad siendo amigo casual de alguien con el que deseas tener más intimidad. De la misma manera que a veces tú no siempre quieres ser sólo amigo de alguien de quien te estás enamorando.

Es importante investigar cómo te sientes en realidad con esto, sin tomar una decisión. Si no estás dispuesto a aceptar la profundidad de la amistad que te ofrece la otra persona, y tú sigues esperando que cambie, tal vez estés cerca de sufrir una desilusión.

Definitivamente, hay personas que no quiero que sean amigos casuales después de haber sido mis mejores amigos deseados durante años. No quiero experimentar ese cambio; lo siento como algo demasiado triste. Pero en algunas ocasiones he estado en la misma situación, esperando que volviera a cambiar. Muchas veces ha sido así y ha valido la pena esperar, a pesar de los períodos en que he tenido sentimientos desagradables, sintiéndome un poco olvidada y conservando la fe en que estaríamos de nuevo más cerca, una vez que llegara el momento adecuado.

Tener esa charla por lo menos aclarará qué siente por ti, de forma que no tengas que preguntarte, adivinar o estar nervioso por ello. Se despeja la atmósfera para ti si sabes un poco más sobre cómo actuar en esta situación.

Pero ¿cómo puedes saber si has valorado apropiadamente esta amistad (y ahora esto parece un regulador de protección)? A continuación, explico cómo saber si te sientes cómodo con el nivel de tu amistad:

1. ¿Cómo te sientes con esta amistad?
2. ¿Sientes que obtienes lo que necesitas de dicha amistad, o siempre quieres más?
3. ¿A menudo sientes como si estuvieras dando más/menos que la otra persona?
4. ¿Sientes que inicias planes más/menos frecuentemente que ella?
5. ¿A menudo quieres estar más/menos cercano de lo que la otra persona parece querer estar?
6. ¿A menudo sientes algo extraño sobre tu dinámica y no puedes averiguar por qué?

Si alguno de estos puntos ocurre de un modo que te hace sentir incómodo y que te molesta de verdad, eso podría ser un buen indicio de que necesitas elevar o rebajar el nivel de tu amistad.

Rebajar el nivel puede percibirse como una ruptura, y a veces es así de sencillo; pero en ocasiones es sólo un cambio de expectativas: considerarlo menos como: «Creí que esta persona estaría disponible para mí como un amigo íntimo, pero para él sólo es casual», y más como «Esta persona es capaz de ofrecerme menos de lo que yo necesito, pero hay formas en las que *puede* ponerse al descubierto ante mí. Puesto que éstas son las formas en que pueden aparecer para mí, voy a adaptar mis expectativas sobre qué tipo de amistad tenemos».

Es en verdad un regalo que te haces a ti mismo y, por consiguiente, también a la otra persona. Poder modificar una dinámica de manera que ni tú ni él os sintáis constantemente decepcionados o provocando una decepción es un gran alivio. Para poder ver claramente esos cambios de vida, nosotros cambiamos, y a veces la gente puede estar más cerca de nosotros, o no tan cerca, y honrar esos sentimientos a la vez que seguimos pidiendo lo que realmente necesitamos. Esto es en verdad lo mejor que puedes hacer por tus amistades.

Yo he mantenido muchas amistades, diablos, estoy en unas cuantas en este momento, en las que nos encontrábamos más cerca, pero me hicieron daño y ahora ya no somos tan íntimos. O bien me alejé porque no conseguía lo que necesitaba, no sabía cómo pedirlo y la otra persona no había captado mis insinuaciones sobre «No sé cómo pedir esto directamente». O bien se distanció, le pregunté por qué y me dijo que yo no le entendía, pero permanecía alejado, y duele oírle decir que no había cambiado nada y que simplemente estaba pasando por algo. Porque, aunque le crea y sepa que está siendo sincero conmigo, sigue doliendo sentirse como si estuviera en espera. ¿Cortó la relación la otra persona? ¿No hay música de espera en absoluto? ¿Debería yo ser paciente porque técnicamente él no ha cortado aún? Brutal. Y a veces, de verdad, sólo quieres cortar, porque tu amistad tal vez conlleve demasiado daño para esperar una respuesta.

Pero ¿qué ocurre si la otra persona al final contesta? ¿Qué ocurre si vuelve la amistad, justo como tú la recuerdas? Es como apostar. Y el estrés del período de espera no suele valer la pena si pensar en ello te causa algún tipo de dolor habitual. Especialmente porque, aunque me mantenga firme en esto como si fuera una comparación fuerte, a menudo la gente ni siquiera admitirá que te han dejado a la espera o que has cambiado de algún modo. Y en este caso suele haber una de las dos siguientes verdades por la que luchar:

1. **En realidad son sólo ellos, y no es para siempre.** A veces, alguien en realidad no se encuentra en una situación adecuada para ser lo que antes era para ti. Y podría ser algo tan simple como estar más ocupado de lo habitual o pasar por un cambio de vida importante, como por ejemplo el matrimonio, tener hijos, una mudanza o sufrir una enfermedad o experiencia traumática, cualquier cosa de ese estilo. Y en este caso, tú sólo tienes que esperar a que algún día logres tener a tu amigo de vuelta de la forma en que lo tenías antes. Y manejar tus propios sentimientos ante esa (provisional, con suerte) pérdida. Pero si sospechas que es algo más profundo que eso, entonces podría darse esta segunda respuesta.

2. **La otra persona no quiere seguir manteniendo esta relación contigo, y no sabe cómo, o no quiere, decírtelo.** Esta alternativa es muy dura porque es difícil saber si ésta es la razón por la que actúa así, ya que lo más importante es que no te lo dirá claramente. Y con todo lo que me encantaría lograr con este libro y escuchar tu historia personal sobre algún amigo tuyo que últimamente se comporta de modo extraño y te dice seguramente lo que está pensando, no puedo leer su mente. Y tampoco puedo leer la tuya.

Así que, si no puedes resistir estar a la espera mientras tu amigo pasa por alguna experiencia, o espera a descubrir si en realidad es «sólo un momento extraño», o si pone término a su relación contigo pasivamente, en realidad sólo tienes una alternativa: seguir adelante lo mejor que puedas. Si eso conlleva silenciarle, o incluso dejar de seguirle, porque la situación es dolorosa, porque incluso observar su vida de una manera parasocial, cuando antes estaba próximo a ti, lo sientes como si una serpiente se comiera tu estómago de un bocado, entonces hazlo. Si ya has comunicado lo que necesitas y no pueden dártelo, y así necesitas establecer límites provisionales en Internet, pero te preocupa que eso empeore las cosas o hacer daño, puede ser tan sencillo como enviar algo como «Oye, tengo asuntos pendientes en este momento; mientras proceso esto, sigo aquí y te puedes aproximar a mí en cualquier momento».

Lo importante en este caso es que tienes que hacer lo que resulte adecuado para ti, del mismo modo que la otra persona hace lo que es adecuado para ella. Todo el mundo tiene permiso para cambiar y crecer, por supuesto. Igualmente, tú tienes permiso para decir, o simplemente sentir «Lo que puedes darme es menos de lo que necesito de ti en este momento, así que debemos cambiar la forma en que interactuamos, y así es como necesito hacer eso de una manera con la que me sienta bien».

Ser un buen amigo no significa limitarse a actuar como acompañante mientras la otra persona dirige la amistad por donde quiere que transcurra. Tú tienes permiso para decir que te gustaría que esa persona sea el tipo X de amigo, y si ella lo ve de forma diferente, también tiene permiso para decirlo. Y entonces se encuentra la relación entre tus derechos y los del otro, dar por buena esa diferencia o distanciarse, sin dolor ni nada desagradable.

Lo más importante que hay que recordar es que no estás diseñado para aguantar a tus amistades. Estás hecho para disfrutarlas. Ajusta los niveles según sea necesario.

Seguir siendo amigos de los *ex:*
Una guía esencial

Los hombres no hablan con personas con las que han quedado
a no ser que quieran sexo o sean Winston.

NICK MILLER, *NEW GIRL*

Yo siempre me sorprendo de las personas que siguen manteniendo la amistad con todos sus *ex*. ¿Todos ellos? ¿Qué diablos significa eso?

Lo entiendo en cierto modo, ya que yo tengo una historia rica de haber sido amiga de personas que siempre me han interesado, que siempre han estado dentro de mí o que hemos estado a punto de tener una cita, pero yo no estaba preparada, así que ahora sólo somos amigos que tal vez hayamos quedado para salir varias veces. Eso es lo que pienso.

¿Cómo sigues siendo amigo de tus *ex*? ¿De qué *ex* sigues siendo amigo? ¿Cuándo de compañeros/ligues/personas con quienes has quedado pasan a ser tus amigos? ¿Y hay que pasar meses, años o montones de terapias y un bloqueo mutuo y dramático en las redes sociales antes de que eso ocurra? ¿Cómo atraviesas todas las dificultades que conlleva cualquiera que sea la forma en que se terminó y tus sentimientos sobre ella?

Casi siempre va a ser complicado, para por lo menos una persona, si no las dos, bregar con la montaña de sentimientos relacionados con ser amigos de personas con las que tienes una «historia», por lo que ¿cuándo merece la pena y cuándo no?

Yo me hago estas preguntas cada vez que intento ser amiga de alguien con quien me he encontrado en ese terreno turbio, aunque sólo fuera un «casi llegamos a quedar para salir, pero no lo hicimos» porque, por alguna razón, hay un caos que se generó cuando se cruzó ese umbral siquiera un poco. Algunas personas pueden manejar esto fácilmente, ¡y bien para todos! Pero incluso las personas a las que se les da mejor pasar por esto están abocadas a tener por lo menos una pareja de la que quieren seguir siendo amigos, y que se toman en serio esa idea hasta el final.

En muchas ocasiones, la persona que lo pasa peor con la transición es la que sin duda sigue teniendo sentimientos, o bien las dos siguen teniendo sentimientos, pero por cualquier razón han decidido quedar sólo como amigos y encerrar esos sentimientos en un baúl de la buhardilla del que ninguno de los dos habla nunca, pero ambos tienen la llave de ese baúl. Está ahí, en el llavero, provocándote de vez en cuando y recordándote que «¡tal vez funcione esta vez!». Pero no, no vas a utilizar La Llave, no debes hacerlo. Oh, no, he hecho que esta situación sea incluso más caliente, discúlpenme.

A menudo, estas situaciones ni siquiera comienzan en tus relaciones con los *ex*. Muchas amistades se adentran en este terreno en cuanto la atracción entra en juego, ya sea que estéis en la misma onda o no.

Yo tengo una de esas amigas, llamada Elyse, a quien conocí haciendo su pódcast, e inmediatamente después de grabar el episodio me escribió un correo electrónico extremadamente dulce en el que me preguntaba si me gustaría quedar con ella alguna vez. Por supuesto que lo hice... yyyyy después pasé por una serie de experiencias traumáticas, y es que simplemente no fue adecuada la elección del momento.

Empezamos a tener citas como amigas y fue maravilloso. Elyse enviaba a un coche para recogerme, sin decirme el destino personalmente, y me llevó a un precioso *Color Me Mine*, un lugar para tomar unas tazas juntas. Siempre escogía mi café con leche favorito y me lo llevaba al venir. Me hizo sentirme muy querida y cuidada, de la forma en que lo haría tu mejor amigo. Sé que había sentimientos amorosos implicados, pero eso también me ofreció la seguridad de saber que alguien ya estaba «dentro», siempre que yo también me sintiera preparada para estar. Aun así, ella entró en mi vida con un interés amoroso muy claramente. Había amistad, sí, pero yo tampoco tenía que pasar por el «¿deberíamos ser más?» ni tampoco por el «*¿le gusta* a ella?». De todo ello, de alguna manera, era lo mejor de ambos mundos. Por supuesto, yo tenía que decidir si quería tener una cita con ella o no, pero en ese caso la pelota estaba por completo en mi campo, por lo que el umbral para el rechazo era casi cero, exactamente como les gusta a las personas con ansiedad.

No terminé teniendo una cita con ella en aquel momento. Pensé que podría quererlo, que podría hacerlo, pero opté por establecer unos límites muy claros de sólo amistad, mientras yo seguía abriéndome camino por las dificultades del momento. Podía haber empezado a citarme con alguien mientras me encontraba en una crisis, pero sabía que no estaba en el mejor lugar para tomar decisiones mientras siguiera en modo de supervivencia y, más que cualquier otra cosa, sabía que necesitaba realmente un amigo de una forma tremenda. Y aunque sí, podría haber sido superencantador y romántico contar con un interés amoroso precipitándose para salvarme, la situación parecía madura para una codependencia y yo «necesitando» que ella me cuidara, y parecía demasiado difícil encontrar un punto de apoyo de igualdad y saludable, cuando yo necesitaba una enfermera y un terapeuta mucho más que una pareja.

Después de meses de amistad verdaderamente romántica y maravillosa, llena de momentos dulces, como cuando Elyse compró un montón de ejemplares de mi primer libro para dárselos a las personas que no se lo podían permitir, haciéndome regalos profundamente significativos e incluso ayudándome a mudarme, Elyse conoció a una persona con la que empezó a salir. Yo me sentí feliz por ella, hasta que comencé a sentirme triste. No sé lo que ocurrió, pero un día, cuando nos encontrábamos en una cafetería, todos mis sentimientos del tipo «Tal vez, no lo sé» por fin cristalizaron en sentimientos de «Uh, oh, ¿creo que me gustas?»… en cuanto ella me informó de que había conocido a alguien. Al principio me reí: *por supuesto*, fue cuando yo recibí sentimientos evidentes. Pero quizás pasarían rápidamente y su nuevo amor me concedería tiempo para ver si mis sentimientos hacia ella aumentaban, o si ella en ese momento ya era inalcanzable y por eso tenía un aspecto extremadamente bueno aquel día, con una sudadera de punto trenzado.

Así que lo dejé pasar.

Elyse se enamoró rápidamente de esa mujer que vivía en el campo y se mudaron juntas a una casa grande de la ciudad. Elyse en ese momento no sólo estaba enamorada, lo que cambió la dinámica de nuestra amistad (tenía que hacerlo, por supuesto, tenía que hacerlo), sino que ahora también se alejaba. Dos puñetazos en la tripa. *Tuve mi oportunidad y no la aproveché.* Repetí mentalmente ese dicho durante meses después de eso, castigándome a mí misma por desearla sólo en apariencia en cuanto no pude tenerla. Sin duda, yo lo había echado a perder, Elyse era mi alma gemela y ahora definitivamente se iba a casar con otra persona, y yo iba a morir de dolor en las próximas veinticuatro horas.

El tipo de anhelo que yo tenía por Elyse a menudo no era por ella en concreto, sino más bien por una forma hermosa de autoflagelación en la que yo me decía a mí misma que ella era mi alma gemela y que lo había echado a perder. Ella también se convirtió en mi fuente de comparación de todas las relaciones amorosas platónicas que tuve: «Elyse nunca me habría tratado así».

Ambas probablemente sean comparaciones injustas porque ella en realidad nunca fue sólo mi amiga, ni sólo mi novia, sino una confusa definición de ambas cosas. De alguna forma, creo, durante la mayor parte de mi vida, que eso era exactamente lo que quería de mis relaciones románticas y platónicas. Pero me aferré a Elyse, como prueba de que lo que yo quería en cualquiera de las dos relaciones existía indudablemente, yo lo había vislumbrado y lo había echado a perder. Por sentirme tan en conflicto con esto, seguir siendo amiga de Elyse era como seguir siendo amiga de un *ex*: había sentimientos sin resolver, promesas no cumplidas y cosas no dichas (por mí) para el mayor bien de nosotras dos. Aunque sabía, en el fondo, que ella no era mi *ex*, yo tenía que encontrar una forma de deshacerme de esos sentimientos inapropiados; eso no era tanto la pérdida de una persona como la pérdida de ese tipo de amistad profundamente fiel.

En el sentido más evidente de «seguir siendo amigo de un *ex*», yo tengo bastantes. Si dependiera de mí, seguiría siendo amiga de cualquier persona para la que yo hubiera significado algo o que ella hubiera significado algo para mí.

Creo que muchos de nosotros queremos el final de «seguir siendo amigos» porque no queremos ponernos más tristes de lo que ya estamos. Si sigues siendo amigo de tu *ex*, parece como si la puerta siguiera abierta, para bien o para mal. Por un lado, la puerta sigue abierta para ti a fin de volver a estar juntos algún día; pero, por otro lado, la puerta también está abierta para una amistad muy turbia que está cargada de recuerdos buenos y malos del pasado, y de posibilidades inefables para el futuro. Siempre en el limbo, siempre algo para preguntarse. Especialmente cuando esa persona sigue pareciendo, o alguna vez pareció, la persona con la que terminarías un día, una vez que solucionaras tus problemas... o cuando lo hiciera la otra persona.

Un ejemplo excelente de esto es el de Nick y Jess, de *New Girl*, un programa del que he visto todos sus episodios unas 876 veces. (Si nunca lo has visto y necesitas mirarlo para poder experimentar la complicada magia de Nick y Jess, hazlo y después vuelve a este capítulo).

A Nick y Jess al principio se les presenta como una clásica pareja de «lo harán/no lo harán». Nick es un pesimista que tuvo una niñez difícil debido a una verdadera mezcla de una madre excelente que confiaba en él demasiado y un padre artista y estafador que entraba y salía de sus vidas, dejando a su familia con muy poca estabilidad. Jess es una eterna optimista que tuvo una niñez estupenda, a pesar del divorcio de sus padres, y lo que parecían experiencias bastante normales del tipo «yo no encajo». Naturalmente, al principio chocaban constantemente, lo que tenía como resultado unas riñas cada vez más fuertes que llevaron a –lo adivinaste– una química sexual.

La química se desarrolla durante la primera temporada y les une en la segunda temporada, cuando por fin dan el salto y se juntan. Están bien juntos en su mayor parte, pero tienen algunos problemas fundamentales sobre cómo quieren que sean sus futuros, lo que conduce a su ruptura final en la tercera temporada. Pero, por supuesto, dado que Nick y Jess se presentan como Predestinados A Ser, nosotros creemos que esto es cierto y el deseo sigue presente, aunque sea respetuoso (la combinación más caliente), sabemos que esto no es el fin de su historia.

Vemos a Nick y a Jess manejar los momentos iniciales de su escabrosa ruptura (véase: el momento extremadamente dulce en que Nick renueva los pañuelos de Jess mientras ésta llora en su habitación del apartamento que comparten) y su ocasional permanencia de uno con el otro durante un tiempo, hasta que parece que lo superan finalmente. Por supuesto, en cuanto Nick empieza a madurar de verdad y da comienzo a una relación seria con Raegan, probablemente no sea una coincidencia que tenga lugar cuando Jess se da cuenta de que aún tiene sentimientos hacia él, tanto para que ya no pueda estar a su lado. Su amistad se convierte en insostenible, a pesar de todo lo que significa para ella. Y por lo menos ella no puede vivir con alguien del que sigue enamorada, a pesar de querer animarle, tal como haría un buen amigo.

Y con un verdadero estilo de comedia romántica, Nick se da cada vez más cuenta de que él y Raegan no están bien juntos en gran medida, porque ella simplemente no es Jess, así que rompen. Es consciente, con la ayuda de su mejor amigo, Schmidt, de que la verdadera razón por la que no funcionó la relación es porque él sigue, siempre estuvo y siempre estará, enamorado de Jess. Después de la cantidad apropiada de payasadas, ellos se reúnen y sabemos que en esta ocasión es para siempre porque somos optimistas y, bueno, nos quedan muchos episodios de la serie.

Esa fascinación de «tal vez algún día» es uno de los mayores obstáculos que he encontrado para seguir siendo amiga de mis *ex* porque ¿quién tiene que decir que se ha terminado de verdad? ¿Ha terminado en realidad, nunca más va a ocurrir y sólo vais a ser amigos íntimos que lo intentaron, pero que no funcionó una vez que uno de vosotros se casó? Quizás sí, quizás no.

La alternativa parece ser sólo que los sentimientos que compartisteis han quedado tan anulados por sus (o tus) acciones, o por vuestra incompatibilidad, que nunca más volverías a tener esa relación, jamás. En cuyo caso, ¿por qué querrías ser amigo de alguien que te hizo daño, o que es tan distinto de ti que tuviste que abandonarlo? Sin duda, podéis ser «amigos» de forma que durante unos meses o incluso un año después de la ruptura os seguís enviando mensajes, con la esperanza de tener un suave aterrizaje en una verdadera amistad, pero esto casi siempre se desvanece. En determinado momento, uno de vosotros empieza a salir con otra persona, o bien uno o ambos os dais cuenta de que necesitáis espacio para estar tristes o separaros. Y después os convertiréis en el tipo de amigos que tal vez interactúan por Internet, o que se siguen viendo, pero os habéis distanciado, incapaces de rebajar el fuego en una relación que era ardiente y ahora se encamina hacia el ligero fuego lento de una amistad, sin comprometer todo lo que funcionaba al comenzar. La receta es diferente, y es posible que no sea tan buena.

Lo cierto es que muchos *ex* te dirán que siguen queriendo ser amigos porque desean seguir conociéndote, porque significas algo para ellos. Pero también he conocido a personas que no me trataban bien y que querían «quedar como amigos» para poder decir a otros, especialmente a futuras parejas, que «yo sigo siendo amigo de todos mis *ex*» y mantener la imagen de ser una persona amable y fiable. Un lobo con recubrimiento de «sigo siendo amigo de todos mis *ex*».

La clave para ser amigo de tus *ex* consiste en, sin duda alguna para mí, unos límites muy claros y comunicación por ambas partes.

Sería agradable improvisar, sí, pero no podéis suponer que ambos conocéis la pena que sufre el otro, lo que espera el otro o lo que el otro necesita durante este proceso embarazoso y complejo. ¿Y cómo será tu nueva amistad? ¿Hay permiso para flirtear? ¿Va a conllevar que se permita introducir a otras personas? Y si es así, ¿cuándo? La mayoría de nosotros no quiere hablar sobre nada de esto, especialmente cuando aún sentimos dolor, y en muchos casos seguimos esperando.

A todos nos han dicho que los momentos verdaderamente románticos tienen lugar cuando nadie tiene que comunicar lo que desea, lo que espera en secreto, simplemente espera y languidece, y un día, de repente, tu *ex* abandona a su deslucida pareja, te coge en brazos, le besas y os casáis, y vuestra amistad formó parte de la gran historia de amor que los dos estuvisteis siempre destinados a tener.

Y si no es así, si tu relación ha sido una lección para la vida, un período de crecimiento y amor mutuos, pero no estaba destinada a durar siempre, entonces ¿cómo es la transición? ¿Quién eres tú ahora que sólo sois amigos? ¿A qué distancia os encontráis? ¿Y *cómo* te acercas? ¿Os convertís en íntimos de un modo en el que tus nuevas parejas se sienten amenazadas, al temer que sean sólo una parada técnica en el gran viaje romántico de volver a estar juntos vosotros dos? Porque eso no sería divertido para otra persona, y no sería bueno para ninguno de vosotros.

Nick y Jess funcionaron mejor como amigos cuando podían (generalmente) dejar ir el uno al otro, podían (generalmente) alejarse y permanecer en gran medida entre otras personas, aunque hubiera indicios de que ahí había algo, que la luz del porche seguía encendida. Pero creo que, para que se trate de una amistad verdaderamente saludable, tienes que atenuar esa luz lo más humanamente posible y dejar que se vaya cualquier expectativa amorosa. Así que, ya sabes, yo no recomendaría seguir viviendo en el vestíbulo del *ex* al que recurres de forma constante con cada contratiempo amoroso.

Suponiendo que el *ex* convertido en amigo sea tu alma gemela, y que un día lo solucionaréis y volveréis a estar juntos, puede ser perjudicial de tantas maneras que no siempre se detectan fácilmente. Por mi experiencia, esa creencia a menudo me impedía dar de verdad una oportunidad a alguien. Pensaba cosas como «Esta persona es agradable, pero probablemente nunca tendremos la relación que tuve con mi *ex*», «Seguramente nunca me hará reír como lo hacía mi *ex*» o es probable que nunca nos sintamos estar hechos el uno para el otro, como sucedía con mi *ex*. Y esa creencia se convertía en una verdad profunda, principalmente porque yo seguía reforzándola.

No hay modo de que alguien a quien acabas de conocer pueda competir con años de trabajo preparatorio de base. Esas cosas requieren tiempo, las amistades requieren tiempo, la intimidad requiere tiempo. Y una cosa que tienes en abundancia cuando tienes una cita con alguien del que de momento eres Sólo Amigo, es horas de dedicación. Tienes una historia. Y en comparación con la mayoría de las nuevas relaciones, una relación con alguien de tu pasado –aunque sea imperfecto y tal vez incluso horroroso– se siente mucho más cómoda.

Lo cierto es que no me considero alguien capaz de ser amiga íntima de mis *ex*. Cada vez que he intentado ser amiga de un *ex* de una manera consistente, día tras día, siempre había algo malo. Yo sigo siendo amiga de algunas personas con las que me he citado pocas veces, normalmente porque podíamos tomarnos un descanso después de esa cita, y después esa persona conocía a alguien más, y yo me sentía feliz de verlos por la calle, pero no hablábamos con la misma consistencia, ni teníamos el mismo nivel de intimidad de antes.

Si tú sigues enamorado de alguien, o tu *ex* sigue enamorado de ti, los dos necesitáis distanciaros un poco antes de poder ser amigos. Así que el uno al otro le tiene que dar espacio para continuar, aunque le eche de menos mientras lo hace.

Aunque no puedo decirte si hay alguna forma adecuada de ser amigo de un *ex*, un modo que siempre funcione, recomiendo encarecidamente lo siguiente: debes saber bien lo que necesitas. Saber bien lo que necesitas. Pregunta qué necesita la otra persona. Pregúntale qué quiere. Sé lo más sincero que puedas. Porque cualquier cosa menos que eso conlleve a que tenga lugar otra espera de desamor. Y deberíamos esforzarnos por perdonarnos el uno al otro y, lo más importante, a nosotros mismos, además de alejarnos del sufrimiento tanto como podamos.

Las amistades son relaciones: Tratar a las amistades de la forma que tratamos las relaciones amorosas

> Descubrí que el secreto de la vida es: los amigos.
> Los mejores amigos.
>
> NINNY THREADGOOD, *FRIED GREEN TOMATOES*

Parece existir la idea de que las amistades son fáciles, como si las amistades saludables fueran los accesorios con los que todo el mundo viene al mundo cuando nace, y que las relaciones amorosas son más complicadas y conllevan trabajo, comunicación y esfuerzo.

Nunca oímos a los amigos íntimos decir cosas como «Sí, hemos sido muy buenos amigos durante seis años. ¡A veces es difícil! Sin duda requiere trabajo, pero merece la pena. Os tenéis que elegir el uno al otro todos los días». Eso parecería horrible, ¿no es verdad? Oyes eso y piensas *Guau, vosotros dos tal vez deberíais dejar de ser muy buenos amigos porque eso parece ser DESACERTADO*. Pero, cuando oímos que alguien lleva casado mucho tiempo, lo decimos, asentimos, sonreímos y pensamos *Guau, se eligen el uno al otro de verdad. Resulta muy dulce*. Pero creo que deberíamos empezar a considerar a las amistades como relaciones, porque esa afirmación es igualmente cierta para nuestros amigos.

ES difícil a veces. SÍ conlleva trabajo y, con suerte, merece la pena hacerlo.

Si empezáramos a considerar relaciones a las amistades, no nos sentiríamos fracasados cuando tenemos que trabajar en ellas, cuando topamos con obstáculos en el camino, cuando los dos cambiamos individualmente y nuestra relación mutua también cambia. Lo veríamos como una evolución, como algo en lo que ambos trabajamos juntos, como dos personas que deciden seguir eligiéndose la una a la otra, o no.

En las relaciones amorosas, la gente tiende a pensar que algo sólo es un éxito si dura para siempre, y tenemos las mismas expectativas respecto de nuestras amistades. Si finaliza una amistad, nunca decimos «simplemente queríamos cosas distintas». Eso puede parecer que una vez fuisteis amigos, debiste abrocharte el cinturón y estuviste de camino todo el tiempo, o si no, habéis fracasado. Pero yo tengo amigos que eran mis favoritos y ya no soy amiga de ellos, y siempre los llevaré en mi corazón con luces de neón en torno a ellos. ¿Quiero que hubiesen durado más? ¡Sí! Pero si no terminaron con un tiroteo emocional en un salón, los sigo llevando en mi corazón como un gran éxito porque creo que las relaciones más exitosas no son necesariamente las que más duran, sino las que te hicieron más feliz.

Gran parte de nuestra condición, en especial en las mujeres, se organiza para pensar que es tarea nuestra tener una gran familia (¡Superfácil, todo el mundo lo consigue, sin duda!) y encontrar algunos buenos amigos (¡fácil, de nuevo! ¡Limítate a hacer vida social, diviértete un poco y no lo pienses demasiado!), y después busca pareja. Tus amigos y tu familia estarán disponibles mientras buscas el amor romántico, pero no te preocupes, son sólo las presentaciones preliminares de la película. El protagonista de la película es, sin duda, la persona con la que te vas a casar, que lo será todo para ti, y tú verás a veces a tus amigos para quejarte de lo «pesada» que es la otra persona con algún tema. (Eso parecía más bien el estereotipo de un marido, pero yo prefiero pensar así porque resulta más divertido). Después vuelves a casa con él, tu Único Amor Verdadero, y tu taza se ha llenado con la comprensión y la confianza de tus amigos. Esto es una locura.

¿Qué sucede si ponemos más peso detrás de *todas* nuestras relaciones y les permitimos que sean más ricas, más conscientes, más saludables y más completas? Piensa en lo más libres que seríamos para tomar decisiones sobre los tipos de personas que tenemos en nuestras vidas.

Si tienes un gran grupo de amigos, no te apresurarás para «establecerte» con una pareja amorosa inadecuada porque habrás podido desarrollar esa intimidad, ese vínculo, ese tipo de amor y de compañía con tus amigos, así que ahora no buscas que una pareja amorosa sea tu única comunidad. Y hay personas en tu vida que están ahí para ayudarte en la decisión de no comprometerte, aunque la sociedad te grite que deberías hacerlo.

Yo siempre quise que tuviéramos más comedias románticas sobre las amistades porque estos dos tipos de amor son muy parecidos. Conoces a alguien de una manera muy hermosa, quieres que sea algo más para ti, y entonces se convierte en más, más, más y más. Y ahora tienes una historia de cómo nos conocimos (me encantan las historias de cómo conseguimos una buena amistad). Tienes una historia, tienes un deseo que ellos no tienen (hacerse amigos), tienes todos los ingredientes de una gran comedia romántica en la que ninguno de vosotros ha besado. O bien sí lo hicisteis una vez, pero no desde entonces, etc., no hay decisión.

Puede ser tan difícil encontrar un gran amigo de verdad como encontrar un alma gemela. ¿Y ese comienzo de una relación, en la que ambos participáis en un extraño juego de un jovencito que se da cuenta de que tiene piernas, o sólo os estáis probando mutuamente? Dios sabe que eso existe en las amistades. Así que examinemos cosas que tal vez experimentes durante la fase de la amistad de «Qué Somos Nosotros»:

1. **Querer interpretar en exceso todo lo que dice.** «¿Se convierte esto en alguna cosa?» es algo que me pregunto prácticamente cada veinte minutos mientras leo mensajes de alguien de quien estoy enamorada, *y* también de un nuevo amigo que me entusiasma de verdad. ¿Están ellos simplemente aburridos y yo soy una nueva amiga de mensajes y divertida, o también planificamos mutuamente un viaje por el camino de la amistad durante tres o cuatro meses a partir de ahora, o tal vez la semana siguiente porque estoy por aquí?
2. **Intentar averiguar cómo despedirse de una manera informal suele convertirse en que le das un medio abrazo y huyes.** Huir al final de las primeras veces que quedo con alguien es uno de mis pasatiempos / mecanismos de defensa favoritos. Principalmente el último.

3. **Estar tan nervioso por hacer planes para la próxima vez que le veas que te limitas a irte antes de que pueda ocurrir.** Porque, qué es lo que sucede si le pregunto qué va a hacer el próximo fin de semana, y él dice: «Hum, yo tengo mi propia vida, la semana siguiente es demasiado pronto y he considerado esto más como una amistad en la que nos vemos cada tres meses», pero es demasiado educado para decirlo directamente, y entonces tengo que averiguarlo a partir de las pistas de su tono de voz y su lenguaje corporal. No, gracias, adiós.

4. **No querer asumir que todo el mundo que es pasivamente agradable contigo quiere ser un verdadero amigo tuyo, así que asumes que nadie más quiere ser un verdadero amigo tuyo.** Éste ha sido mi plan desde que tenía trece años, y he estado felizmente insegura de mis relaciones personales desde entonces (sólo bromeo, este plan es terrible).

5. **Cuanto más te gusta alguien, más horrorizado y nervioso te pones.** Mis amigos siempre intentan decirme «tranquilízate» y «deja de respirar dentro de una bolsa de papel todas las noches, cuando pienses que esta nueva amistad podría ser algo guay porque eso significa que podría finalizar, y después a ver cómo estás», pero no les hago caso.

6. **Te preocupas por dar el primer paso.** ¿He intentado preguntar a un extraño con el que sentí que tenía una buena relación si quería que fuéramos amigos, y después he convertido eso en tres mensajes divertidos y una negativa a contestar mutua? Sí, lo he hecho. Y debido a ello, la última vez que di el primer paso fue hace unos cuatro años, ¡y no pienso volver a hacerlo!

7. **Alguien con quien te llevas bien quiere quedar alguna vez y tú decides mentalmente durante dos horas si merece la pena.** Me refiero a que tal vez sea estupendo, mezquino, extraño, que no me guste mucho o que yo no le guste mucho, y después intentamos hacer que funcione cuando simplemente no… oh. Ya se ha marchado hace veinte minutos. *Hmm.*

8. **Querer que alguien sea tu mejor amigo con tanta fuerza que empiezas a idealizar esa posibilidad futura con un grado inadecuado.** Básicamente, enamorarte de la idea de lo cercanos que

podríamos estar, las cosas bonitas que él podría hacer, las que tú podrías hacer, hasta el punto de que ahora has escrito en tu cabeza una comedia romántica de amistad sin él, y ni siquiera sabes aún su segundo nombre.

9. **Querer gritar «¿QUIERES SER MI MEJOR AMIGO?» mientras conversas, pero tienes que reprimirte.** Cuando ya me gusta alguien en todos los sentidos, es todo lo que puedo hacer para no gritar esto cada doce minutos.

10. **Estar tan asustado del silencio de la primera cita con un amigo que terminas contando una historia realmente personal y triste.** Probablemente sobre el microbioma de tu intestino o de cómo murieron tus padres por un fuego. Ninguno se maneja superbién con los tallarines. Pero, para ser justos, algunas de mis amistades favoritas dieron comienzo con una experiencia traumática mutua y no deliberada, hablando sin pensar en eso que se convirtió en unas risas y un vínculo sólido, así que podría ocurrir de cualquier modo.

Existe mucha presión para estar relajado al principio: si ocurre, ocurre. Pero, para las personas que tienden a ser más introvertidas o ansiosas, «limitarse a dejarse llevar por la corriente» puede parecer horroroso, y por ello podría impedir que surja una amistad antes incluso de que comience.

Del mismo modo que con las relaciones amorosas, llevamos nuestra carga sobre los hombros en todas las amistades en las que nos embarcamos, intentando evaluarlas por cómo podríamos sufrir daño en esta ocasión. Si no haces esto, agradece lo que tienes porque los posibles desastres son muchos. Pero creo que, para la mayoría de nosotros, aunque nos sintamos valientes y esperanzados, deseamos conocer el final. Queremos saber adónde se dirige esto.

En algunos casos, incluso podemos buscar razones por las que nunca funcionaría. La otra persona es extrovertida, tú eres más introvertido. La otra persona es géminis y tú eres alguien que ha visto a muchos géminis difamar en los memes, y ¿qué sucede si esos memes tienen razón? Es fácil buscar las banderas rojas en las fases iniciales porque aún no estás comprometido, y la mayoría queremos evitar comprometernos demasiado en algo que tal vez no funcione, para ahorrarnos un posible dolor.

E incluso si recurres a razones por las que no funcionaría, alguna de ellas podría contener algo de verdad, especialmente si uno de vosotros es más extrovertido que el otro, o viceversa. Ésa puede ser una diferencia muy real y aceptable. Si te gusta planificar y la otra persona te envía un mensaje el día de «¡Te haré saber cuáles son mis planas en unas horas!», tal vez veas eso y pienses «Oh, te refieres a las ocho de la tarde, cuando en ese momento son las cinco, y hacia las ocho Dios sabrá dónde estará mi cabeza, pero probablemente sobre una almohada, en el sillón, mientras de fondo suena *How Stella Got Her Groove Back*. Sí, que tengas buena suerte por ahí».

Puede resultar maravilloso tener amigos que son más espontáneos que nosotros, pero si tú eres una persona que se siente sociable de vez en cuando y después necesita días para recuperarse y acurrucarse dentro de un pequeño montón de mantas, los demás tal vez no comprendan eso. Para ellos no te has dejado ver en semanas, pero en tu mente es porque seguían invitándote a quedar, agotado en una bodega, cuando lo único que te gustaría es una taza de café y sólo hablar con ellos.

Las personas que simplemente tienen tanta energía social en su interior son correctamente exigentes y protectoras de lo que poseen. Si yo gastara mis reservas de energía social en una fiesta de la que odiara cada segundo, ello podría consumir totalmente mi cerebro durante días, de un modo que alguien cuya extroversión se recarga cada dos segundos tal vez no comprenda.

Quizás necesites saber cómo transcurrirá la noche, de forma que puedas saber si merece la pena, no porque seas un rey y debas saber si vale la pena tu presencia, pero también, ahora que lo pienso, es así por completo. De igual modo, si ya has salido con amigos y alguien dice «Vamos a un bar verdaderamente molón después de esto. ¡Deberías venir con nosotros!». Y tú quieres lanzarles una mirada fulminante que diga «Amigo, ¿has intentado alguna vez llevar a un extrovertido que se pliega sobre sí mismo (una persona muy introvertida que parece que le gusta salir, pero que mayormente quiere quedarse en casa, lo cual algunas personas razonarían que es sólo una persona, y yo no discutiría eso porque preferiría quedarme en casa) a un segundo lugar durante la misma noche?». ¡Eso tiene sentido para mí! O bien tenías planes para encontrarte con un amigo, y de camino para verle, alguien dice «Mis amigos del trabajo, Dave y Penélope, también vienen, espero que esté bien!», lo cual te hace entrar en una espiral de pánico porque ése no era el plan. ¡También tiene sentido!

Puede ser realmente difícil conservar una amistad cuando tú prefieres pequeñas reuniones íntimas, y a la otra persona le gustan los grupos mayores. A veces, cuando digo que me siento solitaria y alguien sugiere que salga con él y otras veinte personas para ir a un club, no sé cómo decir «Oh, yo me refería a que quiero que vengan una o dos personas, y prefiero que traigan patatas fritas porque no tengo». Entonces es cuando de verdad necesitas que te presenten sólo a otros introvertidos, o como mínimo a extravertidos muy comprensivos que nunca te harían sentirte mal por necesitar estar tiempo a solas, algo que ellos rara vez parecen necesitar. Y no queremos sentirnos frustrados por estas diferencias, pero es posible que sí, y entonces nos preocuparíamos porque nunca podríamos ser verdaderos amigos por culpa suya.

Resulta tentador revisar mentalmente todas estas situaciones, igual que haríamos al comienzo de una relación amorosa. Reflexionamos sobre cómo las cosas probablemente nunca funcionarían de ningún modo porque ellos son más extravertidos, o son más antisociales, y todas las razones hipotéticas para cortar y salir corriendo. Tanto en las relaciones amorosas como en las amistades, es natural querer asegurarte de que «Esto Es», «Esto durará», «Esto vale le pena, y en esta ocasión no nos haremos daño como sucedió antes». Pero, lamentablemente, ninguno de nosotros es vidente (no obstante, yo estoy trabajando en ello).

Lo mejor que puedes hacer es ser el mejor amigo posible que puedas ser, comunicarte y escuchar, así como aceptar estos incómodos sentimientos de «¿Cómo va a terminar esto?», tal como surgen. Limítate a estar en el momento presente todo lo que puedas, y cruza los dedos para que un día llegues a contar tu historia de amistad sobre «Cómo Nos Conocimos», con todas las partes de «¡Estaba muy nervioso!» subyacentes, dirigiendo en última instancia a tus amistades a los lugares a los que siempre esperabas que fueran.

Ser amigos de los compañeros de trabajo, de los compañeros de piso y de los miembros de la familia: Cómo abrirte camino entre todos ellos

La administradora de la oficina, Pamela Beesly-Halpert, es mi mejor amiga. Yo diría que me he llevado bien con mis subordinados.

DWIGHT SCHRUTE, *THE OFFICE*

Hay muchos caminos potenciales hacia la amistad en nuestras vidas como adultos: amigos con los que creciste o con los que fuiste al colegio, amigos del trabajo, miembros de tu familia, vecinos, personas que ves en el gimnasio y que en general ignoras porque estás concentrado en terminar el yoga sano y salvo. En todas las situaciones, podría haber gente que sería adecuada para nosotros, pero los caminos para cultivar esa amistad a menudo no están bien definidos para nosotros, o, si lo están, parecen totalmente imposibles de alcanzar.

Vemos *Gilmore Girls* y suponemos que seremos los mejores amigos de nuestros hijos o nuestros padres. Vemos *New Girl* y suponemos que seremos los mejores amigos de nuestros compañeros de piso. Vemos *Parks and Recreation* y suponemos que seremos los mejores amigos de nuestros compañeros de trabajo.

Fantaseamos e idealizamos esto que en apariencia es una cosa muy fácil, donde somos los mejores amigos de las personas en los sitios donde a menudo pasamos la mayor parte del tiempo: nuestros puestos de trabajo y nuestras casas. Y después de la universidad nos dicen que lo más probable es que conozcamos a nuestros amigos en el trabajo. Porque ¿dónde más los podrías encontrar? ¡Hurra, ningún equilibrio en nuestra vida laboral!

Pero nunca hablamos sobre manejar esas amistades a pesar de que poseen un gran potencial para no tener límites en los lugares en que más las necesitamos: el trabajo, la familia y nuestro hogar.

Por tanto, si nos llevamos bien con las personas con las que compartimos esos lugares, ¿qué tipos de amistades son posibles allí? ¿Cómo son? ¿Y son iguales que nuestras otras amistades fuera de esos lugares?

Aunque sería estupendo que todas estas interacciones fueran tan idílicas como lo son en las películas, raramente lo son. Así que examinemos las ventajas y los inconvenientes de cada una de ellas, y cómo movernos por ellas de mejor forma.

Ventajas e inconvenientes de ser amigo de tus compañeros de piso

Hay una razón por la que esto es un tema habitual en la televisión, porque tienes que disponerte a vivir con tus amigos, para bien o para mal. Vas a tomar desayunos-almuerzos y cenas descuidados en la cocina, y nadie tiene que comprobar su agenda porque sabes cuándo están allí.

La otra cara de esto es que a veces simplemente quieres estar solo y finges que tus compañeros de piso no existen. Como si te despertaras irritable, no quisieras charlar tan temprano por la mañana y sólo quisieras moverte un rato por tu casa como un fantasma con sueño, sin que nadie se sienta dolido por ello. Y tal vez no siempre quieras que ellos se te unan en las cosas que estás haciendo, lo cual puede ser difícil de comunicar. Yo tuve en cierta ocasión una compañera de piso que entró en mi habitación cuando estaba viendo una película con la persona con la que yo salía, y ella, en serio, se instaló sobre mi cama y VIO LA PELÍCULA CON NOSOTROS. Todo el tiempo. Durante dos horas.

Fue una pesadilla. ¿Debería ella haber sido más sensata? ¡Sí! Y todavía no sé por qué no lo fue. Actualmente no somos amigas íntimas.

También puedes descubrir que tener amigos como compañeros de piso conlleva que es menos probable que dejes notas pasivo-agresivas del tipo «¡Limpia los platos, no te limites a ponerlos en remojo!» por todas partes, pero a veces tus amigos son en realidad más pasivo-agresivos de lo que serían con un extraño porque tener que recordar a tu amigo que tiene que hacer esas cosas se siente como algo supermolesto. Con suerte vivirás con un amigo que puede comunicarse con claridad y respeto, pero puede ser realmente difícil hacer eso.

Aun así, debe decirse algo para contar con las personas adecuadas, cuando tú de verdad quieres que haya alguien allí. Por ejemplo, es totalmente maravilloso poder preguntar a tu compañero de piso si tu ropa te queda bien, antes de salir de casa. Cher, en *Clueless*, decía que nada es mejor que tomar fotografías de tu ropa, ya puesta, con una cámara Polaroid; pero ella no vivía con un mejor amigo con buen gusto y brutalmente sincero en lo relativo a las chaquetas de piel artificial que compraste por dos dólares en una tienda económica bastante frecuentada. Y cuando vuelves de una cita, no hay mejor sentimiento que entrar por la puerta principal y ver a tus amigos sentados en la sala de estar esperando oír todo sobre la cita, y tú llegas a fingir que estás participando en una comedia romántica. Y si llevas a casa a la persona con quien te has citado, puedes disponer de una segunda opinión por parte de ellos sin armar un completo escándalo por el hecho de conocer a los amigos. Para ellos, esa persona sólo viene a vuestro apartamento; y para ti, tus amigos juzgan en silencio si es suficientemente bueno, o no, para ti. Muy sutil, muy eficaz.

Tener amigos que viven donde vives tú significa que siempre tienes a alguien con quien ver una película, o de quien tomar ropa prestada, o, si te quedas sin leche, ellos la tienen. Todo esto es estupendo, con una precaución, que es la delgada línea entre «De cualquier modo, usamos las cosas del otro en todo momento» y «Bueeeno, antes sentía eso, pero ahora me doy cuenta de que ella utiliza mayormente mis cosas y yo me he convertido, en esencia, en una tienda para el consumidor, para alguien que se supone que es mi mejor amigo, y no quiero sacar el tema porque los dos vivimos aquí». Esto es especialmente cierto si no compartís mutuamente las cosas, pero en realidad la otra persona sí lo hace, y te dices a ti mismo que te limites a estar «relajado» ante eso, pero al final te das cuenta de que nunca lo has estado y que probablemente nunca desarrollarás la tranquilidad que hemos mencionado.

Aparte de los beneficios físicos de esto, los beneficios emocionales de vivir con tus amigos son muchos, a saber, que tienes a alguien que te salva de ti mismo. ¿Todo lo que has hecho durante dos días es ver *Tienes un e-mail* sin parar y comer nachos? Tus amigos lo saben y toman cartas en el asunto. Además, siempre tienes a alguien que se preocupa por ti si no vienes a casa. Lo ideal es que en realidad nunca te ocurra nada y que siempre estés seguro y bien, pero en esas noches en que tienes un problema en la casa de un amigo o ligue, no hay nada más dulce que recibir el mensaje de «Hola, ¿estás bien? No viniste a casa la noche pasada y estoy preocupado». Aunque estés totalmente bien, este mensaje lo sientes como un abrazo.

El mayor beneficio de todo es que *¡vives con tu amigo!* No tienes que pensar sobre a quién debes enviar un mensaje cuando te sientes mal porque tienes un amigo íntimo en la habitación de al lado que probablemente puede decirte que estás triste, o, por lo menos, puedes llamar a su puerta y echarle una mirada que le transmita que necesitas todos los abrazos posibles. Es como un sistema de apoyo integrado.

Y en la otra cara de esta moneda, vivir con tus amigos también significa que compartes responsabilidades económicas con ellos, lo cual puede ser estupendo si los dos sois del mismo tipo de responsables económicamente; pero, si no lo sois, bienvenido al infierno, también conocido como «uno de nosotros se transforma en la persona que tiene que asegurarse que el otro paga de verdad su parte de las facturas porque lo olvida, y en ese momento surgen rencores y cosas extrañas, y alguien hace un seguimiento de lo que el otro aún debe». Una pesadilla. Y si tienes una discusión o un problema con esa persona, eso no sólo afecta a vuestra amistad, sino que afecta literalmente a tu situación en la vida. Entonces te encuentras atrapado en esa situación de pesadilla de sentirte extraño en tu propia casa debido a que tiene lugar una situación dramática entre los dos, lo cual es suficiente para llevarte a justificar el vender tus órganos para que por fin puedas vivir solo y nunca tengas que volver a sentirte así.

Sería estupendo si vivir con tus amigos fuera siempre de la forma que vemos en televisión, pero lo cierto es que a menudo lo grande es grande y lo malo es malo, lo que nos conduce a otra situación que es muy frecuente: ser amigo de tus compañeros de trabajo.

Ventajas e inconvenientes de ser amigo de tus compañeros de trabajo

Ah, el sueño de ser amigo de tus compañeros de trabajo. Se trata de algo muy complicado porque, si todo va bien, consigues realmente el mejor ambiente para trabajar. Sientes entusiasmo por ir a trabajar porque todos tus amigos están allí, por lo que parece como si tuvieras tu comunidad en el lugar en que te encuentras la mayor parte del día.

Tener amigos en el trabajo se siente en realidad como si te pagaran por estar con personas a las que quieres, y es uno de los regalos mayores y más excepcionales. Puedes desahogarte con ellos en relación con tu jefe o tus compañeros porque ya saben que Derrick el contable parece ser un verdadero misterio obsesionado de persona, y hacer esta broma recurrente no tiene precio.

Además, están las recompensas prácticas de las amistades de tu trabajo, que potencialmente tienen como consecuencia que te asciendan o que te suban el sueldo porque gustas de verdad a la gente y quieren trabajar contigo. Si eres lo suficientemente afortunado para tener ese sueño de *Parks and Recreation* en el que quieres de verdad a esas personas y ellas te quieren a ti, podéis ser una fuerza unida que posiblemente mejore el lugar de trabajo para todos vosotros.

Pero, aunque todos los beneficios son innegables, ser amigo de tus compañeros de trabajo puede seguir siendo inalcanzable para algunos de nosotros, y sobre lo cual hablamos poco. Tu lugar de trabajo tal vez sea realmente exclusivista, o tus compañeros son muy diferentes que tú, o tienes mucha ansiedad social, en parte debido al temor muy real de lo que podría ocurrir si estas amistades no funcionasen, o incluso si lo hacen. Por no hablar de que, si no trabajas en una oficina o te encuentras en un ámbito más creativo, entonces se te asigna «el trabajo en red» haciendo amigos en tu sector. Dado que no hay una oficina para reuniros, puede conllevar más trabajo buscar a esas personas y arreglárselas si sólo van a ser relaciones del trabajo en red, o bien amigos, y también averiguar lo que quieren de la relación. ¿Haces un nuevo amigo o sólo te dicen que quieren ser amigos como un modo de ser educados? Las dos cosas están bien, pero el estrés que conllevan a veces puede hacer que quieras gritar «No hay problema si sólo nos consideráis amigos del trabajo en red, pero no necesitáis decirme que vamos a ser buenos amigos para conseguir eso». Porque puede hacer daño de verdad emocionarse mucho por hacer una nueva amistad con un colega que después puede considerarla algo más provisional, a pesar de lo que diga.

Ciertamente, la mayoría de la gente todavía no sabe de verdad lo que busca, pero a veces sí conoces a alguien de tu ámbito que dice «De acuerdo, vamos a ser amigos», te emocionas y empiezas a comportarte como un amigo y uy, sólo querían decir: «Seremos personas que trabajarán en red y se llevarán bien, así que ¿por qué me envías un mensaje la noche del viernes preguntándome cuál es mi película favorita de *Scream*?», y resulta decepcionante. Y después tienes que reconsiderar dónde los has situado en tu vida. O bien dijeron que querían ser amigos, y en realidad querían decir que querían ser amigos, pero para ti «amigos» significa más que el esfuerzo o la energía que te ofrecen actualmente, y ahora tienes que encontrar una forma de abordar eso. Es más bien como solicitar un trabajo. Ellos solicitaron el trabajo de Amigo, o de Mejor Amigo, y había requisitos para ese trabajo que necesitabas que conocieran, pero no los conocen. Igual que el decreto formal, deseo que puedas enviarles una carta de rechazo para el trabajo para el que no encajaban bien. Algo como:

Querido (persona):

Muchas gracias por tu interés en ser mi amigo. Desde este mismo momento estamos buscando determinadas cualidades en la persona que va a ocupar esta posición, y tú no posees las habilidades requeridas. Sin embargo, tal vez encajes bien en nuestra posición de amigos que trabajan en red, lo cual te animamos a que solicites. De cualquier modo, muchas gracias por tu interés en mi compañía, y te deseo la mejor de las suertes en tu búsqueda.

Sinceramente.

Odio tener que escribir esto.

Pero la dificultad de este aspecto de «¿qué somos?» es sólo el comienzo de los potenciales obstáculos de convertirte en amigo de tus compañeros de trabajos. En primer lugar, es mucho más fácil quedarte con un trabajo terrible porque allí están todos tus amigos. Los vínculos de un esfuerzo por soportar juntos un trabajo malo son formidables, sí, pero también es muy fácil aguantarlo en un lugar en el que ninguno de vosotros es feliz ni se siente bien con lo que hace, simplemente porque os queréis el uno al otro y no deseáis perder la amistad.

También puede ser difícil saber con quién desahogarse, o qué alianzas existen que no conoces. Si alguna vez has comenzado en un nuevo empleo y te has desahogado con alguien en relación con tu jefe o compañero, y después has visto que son buenos amigos y sientes «Ohhh, ups», conoces bien este sentimiento. De igual forma, si tienes una discusión con un amigo del trabajo, podría ser difícil saber en quién confiar o de quién hacerse amigo en ese momento en la oficina, o bien sentir que no puedes hacerte amigo de nadie más porque la posible discusión resulta demasiado estresante. Si esa amistad del trabajo se viene abajo, o nunca pudiste hacer amigos en el trabajo por cualquier razón, tal vez no tengas esa red de apoyo, lo cual podría influir directamente en tu capacidad para ascender o que te encarguen otros proyectos, porque en ese momento no estás en la «camarilla», quizás incluso sin ser culpa tuya, y te sientes mal.

Deseo que eso no sea cierto, y lo odio mucho. Rara vez hablamos sobre en qué medida «encajar» en el trabajo, y cómo contar con un grupo de amigos muy unidos te sirve de ayuda en tu empleo. Y si no te entienden, te ignoran, no estás seguro de cómo manejar eso, o simplemente no quieres hacerlo, porque podría tener una influencia económica directa sobre ti, aunque no debiera ser así. La gente quiere contratar a sus amigos y tal vez no se acuerden de aquéllos con quienes no hablan o no ven tan a menudo, por lo que se supone que debes estar cerca de «las personas adecuadas», pero es difícil saber quiénes son. ¿Qué sucede si realmente no te entiendes con ellos y no puedes fingir que sí, o no, les consideras personas de las que tengas que estar cerca? Es agotador manejar todo esto. Y puede ser especialmente complejo si después tienes que distanciarte de un compañero que se ha convertido en amigo, o hacerle pasar de la posición de amigo íntimo a conocido para tu propia salud mental. Y además ahora tienes que preocuparte por haberte puesto en peligro en el trabajo, en una posición que nadie debería estar. Pero, oh, esto ocurre.

De igual forma, examinemos la idea de ser buen amigo de los miembros de tu familia, lo que se puede decir que es el sueño, y a menudo la situación, más difícil de estas tres para manejarte.

Ventajas e inconvenientes de ser amigo de tus familiares

A cualquiera que ya esté leyendo esta sección y ría a la vez que llora porque incluso la idea de ser amigo de sus familiares a estas alturas es absurda, le recomiendo mi primer libro, *How to Be Alone*, porque nunca hablamos de lo doloroso, difícil e imposible que puede ser estar cerca de tu familia del modo que tú quieres, o las formas en que te han dicho que deberías estar cerca de ellos. Y yo siempre querré hablar sobre eso.

Pero, por ahora, supongamos que te sientes cercano a tus familiares y eso es algo que puedes hacer en algún grado, aunque no siempre sea perfecto, Si es así, a continuación, expongo algunos puntos culminantes (que mayormente he imaginado yo y que se basan en gran medida en lo que he visto en los programas de televisión de ficción):

Las ventajas de ser amigo de los miembros de tu familia son muchas, principalmente porque te ha tocado la lotería: Naciste de personas cálidas y amorosas que pueden quererte, verte y relacionarse contigo abiertamente. Me siento borracha incluso ahora, al escribir sobre esta idea. No todo el mundo consigue esto en absoluto, y, lamentablemente, muchos de nosotros hemos nacido de personas con sus propias experiencias traumáticas generacionales y una ausencia de herramientas para ser el tipo de padres que querían ser, y el tipo de padres que tú necesitabas.

La capacidad de hacer que tus familiares sean realmente tus amigos significa que tienes amigos que te conocen desde que has nacido, así que saben todas las mismas citas de películas al azar y esa broma recurrente que dio comienzo cuando tenías nueve años y que sigue siendo divertida cuando ahora sacas el tema. Ellos tienen toda una vida de recuerdos compartidos. Conocen todas las personas que has sido, el niño que fuiste, el adolescente que fuiste, todos los pedazos tuyos que nadie más ha visto. Si cuentas con la suerte de tener esto, ellos pueden quererte y verte de un modo muy especial y poco frecuente.

De igual forma que es increíble que tengáis una historia compartida, eso también puede significar que compartís alguna experiencia traumática y que podría ser más fácil que ese antiguo dolor aflore a la superficie cuando os encontráis cerca, incluso en las mejores circunstancias.

Por tanto, en este caso, los inconvenientes se reducen a la necesidad de poner límites, mucho más que con nuestros compañeros de trabajo o de piso, porque nos han dicho que la familia es todo lo que importa. No pensamos en la familia como en una relación que requiera límites, pero yo argumentaría que la familia es donde los límites son más necesarios; en parte porque es demasiado fácil convertirte en ciegamente leal a tu familia, someterte a ella ignorando tus propios sentimientos porque «la familia es lo primero», sin importar qué. Pero estas relaciones son totalmente un excelente lugar para establecer límites y entablar contacto para asegurarse de que todos se sienten bien de verdad y no fingir con el propósito de aparentar ser una «buena familia».

Esto a menudo se extiende a cualquier tipo de discusión con un miembro de la familia, lo que podría convertirse rápidamente en una situación en la que las personas pueden elegir bando, y un simple desacuerdo, o el hecho de requerir más límites, podría convertirse rápidamente en una verdadera pesadilla de proporciones sísmicas. Porque ahora no es sólo una lucha entre dos miembros de la familia; es una lucha entre tú, tu abuela, tu progenitor y tus hermanos, y todo el mundo tiene su opinión y, ¡buen Dios, tú sólo querías establecer unos límites durante un fin de semana!

Hay mucho en nuestra cultura que nos ordena conservar una lealtad ciega a nuestras familias, independientemente de cómo nos traten, si han violado nuestros límites o si han sido abusivas, y tenemos que dejar de reforzar esto como una verdad. Por tanto, lo más importante que hay que recordar en las amistades con los miembros de tu familia es que *tus necesidades también importan*.

No hay nada vergonzoso u hostil en pedir lo que necesitas o en tener necesidades diferentes a las que tenías antes, y pedir a los miembros de tu familia que las cumplan. Aunque les parezca extraño, aunque no entiendan por qué las necesitas, aunque no las necesitaras antes y no entiendan qué ha cambiado. Si alguien te quiere, te quiere de verdad, convertirá en una prioridad darte las cosas que necesitas y pedirlas directamente.

En los tres casos, estos inconvenientes pueden contribuir a tus miedos y creencias de que encontrar amistades que se perciban como saludables y buenas para nosotros es imposible, porque no es tan sencillo como nos han contado. Hay peligro y diversión en cualquiera de estas situaciones, pero también hay fuerza en el hecho de recordar que tú tienes voluntad.

Tú tienes la capacidad de discernir, evaluar y reevaluar todas las relaciones con tu familia, compañeros de trabajo y compañeros de piso, lo que sea, y establecer los límites que consideres que encajan contigo. Siempre puedes hacer los ajustes necesarios y recordar que, aunque en estas situaciones puedas percibirte como indefenso –«¡Pero son mi familia!», «¡Pero trabajamos juntos todos los días!», «¡Pero vivo con ellos!»–, siempre cuentas con tu voluntad en estas situaciones.

Puedes cambiar totalmente la forma en que te comprometes o dejar de hablar a ese miembro de tu familia, encontrar un nuevo empleo o encontrar un nuevo apartamento si cualquiera de estas relaciones se ha convertido en perjudicial para ti. Y en cada una de esas situaciones, lo que puede parecer un devastador golpe para la vida tal como la conoces actualmente, en realidad puede ser una bendición; un desvío necesario hacia un camino mejor que te conducirá a las personas que *son* adecuadas para ti. Las personas que decides escoger.

Cómo discutir con tus amigos: Cuándo es saludable y cuándo es una señal de alarma

> Estoy fastidiosamente enferma por todos vosotros.
>
> SHOSHANNA SHAPIRO, *GIRLS*

En la mayoría de las representaciones de la amistad que he visto al crecer, los amigos nunca discutían. Como mucho tenían una gran riña en toda la serie, cuando tú *pensabas ¡oh, no! ¿Qué sucede si rompen?*, pero, por supuesto, nunca lo hacían. Pero, incluso así, era un asunto muy importante discutir con tus amigos. Era explosivo, ocurría una vez, y frecuentemente mostraba a dos amigos debatiendo todos sus problemas (vemos esto en *Yellowjackets, Jennifer's Body, Parks and Recreation, Romy and Michele's High School Reunion, Glow, Buffy, Insecure, Girls, Mean Girls*, diablos, incluso en *Practical Magic* cuando están borrachos de vino de fantasma encantado), y después estaban (mayormente) bien después de eso. Bueno, excepto en *Yellowjackets*, Jackie DEP. Y *Jennifer's Body*[5]. Guau, muchas muertes en algunas de estas... DE TODAS FORMAS.

Sé por qué la gente escribe amistades de ficción de este modo. En mi amistad ideal, raramente discutiríamos, si es que alguna vez llegaríamos a hacerlo. Así, como espectador, es agotador y estresante observar

---

5. De nuevo, la autora cita series de televisión estadounidenses. *(N. del T.)*

a estos personajes que tú apoyas en una situación incómoda en la que se dicen cosas ambos con toda la intención y que no han comunicado antes adecuadamente; pero también dicen muchas cosas que tú sabes que no quieren decir, y la discusión se ha calentado tanto que en ese momento se hacen daño el uno al otro porque, bueno, discutir *duele*. Para muchos de nosotros, discutir es agotador y asusta, y puede hacernos cuestionar si nuestra amistad se encuentra en peligro.

¿Tienes razón tú? ¿Tiene razón la otra persona? ¿Ambos tenéis razón? ¿Y cómo avanzas a partir de esa discusión? ¿Cómo la conviertes menos en una «lucha» y más en una conversación que resulte productiva y que os ayude a guiaros a través de cualquier cosa que ocurra a continuación? Porque tal vez te des cuenta de que no estáis diseñados para ser amigos y quizás sufráis demasiado daño como para continuar. Estas consecuencias son posibles. Por tanto, ¿hay alguna forma de discutir en la que por lo menos intentes minimizar el daño innecesario que os causáis el uno al otro y a vosotros mismos? Por mi experiencia, sí la hay.

Aunque la gente puede darse prisa en decir que las parejas que discuten son saludables, y si sois una pareja que nunca discute y nunca está en desacuerdo hay algo que va mal, es menos probable que digamos eso sobre las amistades. Parece haber una creencia sobre las amistades según la cual nunca debéis discutir, y si discutís DE VERDAD, es porque algo sin duda va mal, que es lo por lo que muchos de nosotros, yo misma incluida, mantendremos reprimidos años de frustraciones sobre nuestras amistades. Y en algunos casos hacemos esto porque sabemos que si tratamos por completo los sentimientos que conservamos en nuestro interior, podríamos darnos cuenta de que esa amistad ya no funciona para nosotros y es posible que tengamos que abandonarla.

Después se encuentra la otra cara de la moneda, por la que discutís demasiado. «Demasiado», por supuesto, es relativo, y yo diría que, si sientes que discutes demasiado con tu amigo, probablemente lo estés haciendo. Porque, como siempre, tienes permiso para definir estos límites, tienes permiso para definir lo que no sientes como bueno para ti, y si ya has hecho un esfuerzo de buena fe para comunicar eso a tu amigo y no observas ningún cambio, entonces no hay problema en tomar esa medida.

Está bien decir «Discutimos demasiado. Para mí, personalmente. Quizás otra persona estaría de acuerdo con el nivel en que discutimos, y tú tal vez te sientas bien con todas las veces que discutimos, pero yo no».

Dado que hacemos parecer que discutir con los amigos es una cosa muy mala, yo he tenido muy pocas discusiones con amigos, y echando la vista atrás en realidad me gustaría haber sido más polémica. Como persona complaciente que se repone, nunca jamás inicié discusiones, no, no. Comunicaba mis necesidades susurrando y me enfadaba cuando no quedaran cubiertas. ¡Mucho más saludable!

Y he llegado a darme cuenta de que si hacemos eso nunca discutiremos, pero tampoco aclararemos nada. Nunca nos permitimos a nosotros mismos que se nos oiga por completo, y con ello permitimos a la otra persona que nos diga por qué ella se siente o actúa tal como lo hace. Para mí, mi temor es que la otra persona admita que la razón por la que actuó de cierta manera es porque en realidad no le importa nuestra amistad, no le importa hacerme daño, y obra deliberadamente. Pero lo cierto es que, la mayoría de las veces, esas cosas son sólo malentendidos y errores de cálculo de lo que las otras personas creían que necesitabas. Pero no puedes saber eso hasta que «peleas», no importa el modo que funcione para ti.

Es totalmente posible discutir con un amigo de forma que nadie tenga que gritar. En especial si tú, como yo, odias gritar o escuchar gritar, y eso sólo sirve para que quieras llorar. Nunca quiero gritar durante las discusiones, pero oye, si a los dos nos encanta con pasión proclamar nuestros límites, he hecho esto antes y podría saber por qué le gusta a la gente. Existe el grito A alguien, que puede parecer un ataque, y después hay un «Carajo, he mantenido estas necesidades en mi interior durante tanto tiempo que necesito gritarlas para que por fin me oigan. Me siento enferma por asustarme de expresar todo esto, espero que no haya problema, ¡ahí va!», por gritar eso las veces que necesitas hacerlo, especialmente si lo temes y es algo nuevo para ti.

Discutir de una forma saludable no necesariamente conlleva en absoluto gritar en serio, y os debería permitir a los dos sentiros oídos por el otro, identificar las necesidades nucleares y tratar problemas reales de vuestra amistad. Alejarse de los reproches y de cosas como «Tú siempre

157

haces eso» –las cosas que la gente suele decir a sus parejas– puede tener éxito para poder tratar los problemas reales de una amistad.

Si puedes hacer eso con buena fe, cuando dices lo que necesitas y cómo te ha afectado la conducta del otro, y la otra persona puede hacer lo mismo, en realidad se crea la apertura para una intimidad más profunda y para que os comprendáis mejor el uno al otro, lo que puede hacer que vuestra amistad sea más fuerte de lo que era. Y sí, puede hacer daño cuando discutís y la otra persona no está de acuerdo, o no puede o no quiere ponerse en tu lugar, lo que ocurre sin duda. En ese caso, el principal objetivo debería ser considerar vuestras discusiones como una oportunidad para comunicaros de verdad, establecer límites y, por encima de todo, obtener información sobre la salud actual de esa amistad.

Si tu amistad fuera un coche y nunca lo llevases a un mecánico para que vea qué tal funciona, realmente nunca sabrías lo que le sucede, y al final el coche moriría porque nunca miraste bajo el capó. La amistad es igual. Sí, puede parecer alarmante mirar y ver lo que ocurre ahí dentro, pero si puedes averiguar un modo productivo de hacerlo –sin culpas, sin reproches, sólo dos personas trabajando juntas para encontrar un terreno común– y se hace bien, puede ser una buena oportunidad para que los dos sepáis en qué situación os encontráis, y para crecer y cambiar juntos.

Pero a veces hay culpa, hay reproches. Alguien *sí* hizo algo hiriente, o bien hubo un paso en falso y necesitas hablar sobre ello, algo que es verdaderamente difícil de afrontar, porque requiere responsabilidad, así como la capacidad de perdonar por tu parte. O viceversa. También es posible que requiera que veas algo desde la perspectiva de la otra persona, lo cual te mostrará algo sobre ti mismo que tal vez no te guste.

Una discusión saludable debería ser productiva, no punitiva. Deberíamos poder verla como algo que merece la pena, de forma que los dos podáis expresar los conflictos cuando aparecen. Y si aún no puedes llegar a comprender, entonces por lo menos ahora sabes que esto quizás ya no sea adecuado para ti. Y puedes seguir adelante, hacia mejores amistades, mejores relaciones, con un mayor conocimiento de lo que no funciona para ti y lo que necesitas. Abandonar algo que no te funciona o que no sientes que sea algo adecuado para ti es un regalo que os hacéis los dos. Se trata de tener permiso para que busques algo mejor para ti mismo, y permiso para que tu amigo haga lo mismo.

Rupturas entre amigos:
Cómo saber cuándo dejarlos,
cómo hacerlo y cómo manejar
la aflicción

Aunque nos conocemos como extraños,
ahora sigo queriéndola con un amor inextinguible.

ANNE SHIRLEY, *ANNA OF GREEN GABLES*

Por muy doloroso que pueda ser que alguien resulte no ser lo que parecía, o que tu amistad no es la amistad eterna que esperabas que fuera, el lado positivo es que esto puede llevarte a darte cuenta de que puedes confiar en ti mismo. Tus sospechas de que éstos ya no son los amigos adecuados para ti, y que no hay nada que puedas, o debas, hacer para arreglarlo, están justificadas. Me he encontrado en esa misma situación muchas veces, pero ha cambiado en gran medida sólo en estos últimos años. Está tan más allá de la frustración darte cuenta de que tu «¡Por fin tengo amigos, sí! ¡Lo conseguí!» fue más bien un falso positivo, y en realidad algunos de estos amigos siguen siendo más bien malos y tú sólo quieres gritar «¿OTRA VEZ? ¿En serio?». Y cuando ocurrió esta vez, fui consciente de que muchas de mis amistades seguían siendo elegidas en los lugares en que yo aún no estaba curada, y por tanto esas amistades seguían sin funcionar, aunque se hubieran hecho progresos. Darse cuenta de que eso era lo que ocurría me liberó para dar un paso atrás y reevaluar lo que estaba soportando, y lo que yo no tenía por qué solucionar. Yo estaba, por primera vez en mi vida, permitiéndome decir: «Hice lo que mejor pude en esta amistad», dejándola ir y concentrándome en las personas que sí me querían y sí se preocupaban por mí. ¿Fue fácil eso? Oh, Dios, no, no lo fue.

Durante la mayor parte de mi vida pensé que los amigos eran cualquiera que te eligiera, que solicitara el trabajo. Pero ahora me doy cuenta de que *te mereces elegir quién entra en tu vida*. Tienes que elegir quién tiene acceso a ti. Y con todo lo difícil que puede ser, a veces sólo puedes conocer a las personas adecuadas una vez que te liberas de las inapropiadas que no te hacen feliz, y cambiar las reglas para quien tiene acceso a ti.

Sin embargo, esto puede ser difícil de hacer, especialmente porque, cuando quieres a alguien, te comprometes y dispones de tiempo para encontrar una forma de encajar. Pero todo el mundo es la pieza de un rompecabezas, y no siempre puedes ver por qué las ventajas no son evidentes cuando estáis juntos, pero sabes cuándo no es así. Lo sientes.

Tú quieres crecer, quieres ser mejor, pero ¿qué sucede si, mientras lo haces, te das cuenta de que hay personas que ya no encajan en tu vida? A veces, las personas con las que estableciste vínculos en el pasado encajaban bien contigo en ese momento porque te sentías herido de la misma manera. Pero, cuanto más trabajas en ti mismo, más sanas, más creces, y ellos ya no encajan, te preguntas qué les ha hecho cambiar. ¿Ha sido el clima? ¿Alguien ha abordado este rompecabezas PATÉTICO? Pero lo cierto es que *tú* has cambiado de estado. *Tus* límites se han suavizado, *te* has expandido. Quizás a la otra persona le ha pasado lo mismo. Tal vez se haya contraído o expandido de forma diferente. Pero ya no encajáis.

A primera vista, esto es crecimiento, y éste es el objetivo. Pero en realidad nadie te dice lo que puede costarte el hecho de crecer. Quieres que quienes venían contigo te sigan a ese nuevo lugar. Crecer como tú has crecido, a tu lado.

Creemos que los compañeros vienen y se marchan, sí, pero que los amigos y los familiares son para siempre, son nuestros constantemente. Y yo quiero que las personas constantes sean como colines de pan libres en un Jardín de Olivas. Tú me dijiste que los consiguiera, sé que otras personas también los han conseguido, lo vi en la televisión, ¡y juro por Dios que, si no haces que saquen lo mejor para mí, pronto romperé todas las ventanas de este centro comercial de Cincinnati!

En nuestra niñez pasamos mucho tiempo aprendiendo sobre la práctica de la justicia, pero el mundo en sí mismo no es justo, no tanto como nos gustaría que fuera. No todos recorremos el mismo camino, con los mismos recursos y exactamente al mismo ritmo. Lo ideal sería que todos consiguiéramos los sistemas de apoyo que nos prometieron, pero algunos de nosotros no lo hemos logrado, y nadie nos ha enseñado cómo rellenar esas grietas. Nadie nos enseña a buscar poder en la vulnerabilidad, a desarrollar intimidad, a crecer como persona o a apenarnos cuando dejamos atrás a quienes e quisimos en cierto momento. O cuando ellas te dejan atrás. E indudablemente no nos enseñan a manejar la ansiedad que puede aparecer en tus amistades.

Yo me siento interminablemente nerviosa junto a algunos de mis amigos, lo cual sé que no tendría que ocurrir. Pero de la misma forma me siento molesta con los problemas: ¿Qué se me permite necesitar? ¿Quién se me permite ser? ¿Cuánta imperfección permitirá la gente? ¿Y tener estas ansiedades hacia la amistad es más que por el bagaje que acarreo de mi pasado, o está herida esta amistad, o peor aún, rota por completo?

Así que aquí tenemos algunos indicios de que tu amistad ya no funciona para ti. Esto no significa que sea irreparable, sino que tal vez necesites hablar de las cosas. De nuevo, reconocer estos patrones consiste en reunir información, de forma que puedas saber qué necesitas hacer a continuación:

1. **No puedes recordar la última vez que te sentiste bien a su lado.** Vuestra relación del uno con el otro podría cambiar a menudo o de vez en cuando, pero si ya no sientes que os divertís juntos, o sigues agobiándote demasiado por heridas pasadas, o si estás con esa persona por obligación, porque os conocéis desde hace mucho tiempo, eso es un indicio.

2. **Tu estrés sobre la forma en que os comunicáis el uno con el otro.** Si algo de esta amistad te hace sentir ansiedad por con qué frecuencia, o en qué medida, la otra persona contesta a tus mensajes, y esto

te suele estresar de modo habitual y constante, aunque le has dicho lo que necesitas, eso es un indicio.

3. **No te sientes apoyado por ellos.** Tus amigos no deberían mostrarse pasivos a la hora de ayudarte, o peor aún, competir contigo visiblemente, por lo que, si a menudo sientes, cuando pides ayuda, que no muestran interés y que no parece preocuparles, aunque les has comunicado lo que necesitas que digan o hagan en esa situación, eso es un indicio.

4. **Tus otros amigos te hacen sentir más querido que este otro.** Aunque es difícil comparar las amistades, si observas que hay algunos amigos con los que siempre te sientes muy querido y apoyado, pero nunca, o rara vez, sientes eso con este otro amigo, pregúntate a ti mismo por qué ocurre esto. Y si hay algo que puede debatirse, ¡plantéaselo! Pero si sientes que es algo esencial, puede ser un indicio de que simplemente no funciona bien. Algunas personas encajan contigo mejor que otras. Es todo un regalo tener amigos que te hacen sentir del modo que tú quieres sentirte en una amistad, y a menudo facilitan que te des cuenta de que tal vez ha llegado el momento de dejar a los amigos que no hacen todo esto.

5. **Eres feliz menos del sesenta por ciento de vuestro tiempo juntos.** Esta cifra es muy generosa, pero si no estás contento con tu amistad, como mínimo la mayor parte del tiempo, entonces es un indicio.

6. **Sientes que tratan a sus otros amigos mejor que a ti.** Esto es muy cruel cuando te sucede, y sí, todo el mundo tiene diferentes niveles de proximidad con la gente. Pero si observas que pueden ofrecer a otra persona las cosas que les dijiste que necesitabas, pero no a ti, entonces es un indicio.

7. **Has empezado a pensar que tal vez no puedas tener todo lo que quieres en una amistad.** Si has empezado a pensar que tal vez la amistad de tus sueños no existe, y que tal vez esto es lo mejor que puedes hacer, en serio, es un indicio. Tus amistades deberías sentirlas como si ganaras en la lotería, no como un premio de consolación.

A veces, las razones de las rupturas de amistades en realidad consisten tan sólo en que te has dado cuenta de que ya no obtienes lo que necesitas de ellas, si es que ha ocurrido en algún momento. Quizás ni siquiera sea tóxico para ti decidir romper con esas personas; puede ser que la amistad ya no te haga feliz. Se trata de algo importante que hay que detectar. Ha habido muchas veces en que yo no quería poner fin a algo porque no era totalmente tóxico, pero con frecuencia, limitarse a mantener una amistad que ya no funciona para ti, y alguna parte de ti lo sabe, entonces puede *volverse* tóxica.

Pero incluso las amistades más típicamente tóxicas pueden seguir siendo difíciles de detectar cuando estás con ellas. Y si estás por encima de la edad de uno, has tenido un amigo tóxico. Ya sabes, el tipo de amigo que siempre se encuentra en alguna clase propia de «Lo hará o no lo hará», excepto en caso de no estar seguro si llegáis a estar juntos, es: «¿Llegaré a romper con él y a gritarle en un aparcamiento de Macy?».

A continuación, ofrezco algunas formas para identificar a los amigos tóxicos que hay en nuestra vida:

1. **Odian a todo el mundo excepto a ti.** Durante años, y me refiero a años de verdad, yo creía ser muy especial porque había personas a las que no gustaba nadie y yo les gustaba, pero cada vez que ocurría esto, era porque esta persona encontraba a otra que le gustaba y creaba un patrón tóxico con ella, y en cuanto esa persona hacía incluso la más pequeña cosa que no le gustaba, la odiaba y rápidamente se deshacía de ella, para confirmar su creencia de que todo el mundo es malo. Es más bien como el mismo principio que cuando a los hombres les encanta que tú «no seas como otras chicas». Un día acabas aterrizando en el montón de las Otras Chicas porque así es como ellos ven el mundo. Nota aparte: Me encantan Las Otras Chicas. Las Otras Chicas mandan. Solidaridad con las Otras Chicas para siempre.

2. **No te gusta el modo en que tratan a otras personas.** Si te gusta la forma en que te tratan, pero los ves siendo mezquinos con los trabajadores de mantenimiento, o con otros amigos, o con personas que simplemente no eres tú, eso puede ser una señal de advertencia de que te espera el mismo camino. Y aunque no ocurra eso, puede no ser el tipo de persona del que quieres ser amigo.

3. **Consideráis al dinero de formas totalmente distintas y eso te pone tenso.** Éste es un punto muy importante del que no se habla lo suficiente, y no trata sobre quién tiene más o menos dinero, aunque eso pueda influir totalmente en vuestra amistad. Consiste en las formas en que sois conscientes de las formas diferentes con que consideráis al dinero. Si la otra persona no considera al dinero como algo importante porque tiene mucho, o no lo considera algo que estrese y tú das gran importancia al dinero porque actualmente no tienes mucho, o mientras crecías te preocupabas por él, éste puede ser un problema enorme. Lo ideal es que tu amigo pueda ver estas diferencias y ser consciente de ellas, pero no siempre sucede así. Y si no es así, y esto también causa continuas desavenencias entre vosotros (como si supieran que te estresas por el dinero y ellos no, y, sin embargo, de algún modo, sigues teniendo que recordarles muchas veces acudir a Venmo para cenar, que es el infierno), entonces podría ser un indicio. Los límites relacionados con el dinero siguen siendo límites, y si ellos saben que tú los tienes y suelen cruzar la línea, es normal sentirse molesto por ello.

Estos son sólo algunos ejemplos que he observado, pero no siempre necesitas una lista, ni para que ellos encajen en alguno de los ejemplos ni sientas que son tóxicos para ti. Confía en tu intuición, en ese rumiar internamente que algo va mal, y examina adónde te lleva. Una vez que te has dado cuenta de que las cosas pueden ser tóxicas, o que algo no funciona, y has tenido las conversaciones de discusión o productivas para intentarlo y rectificar las cosas (si está justificado), lo más difícil puede ser darse cuenta de que en realidad tal vez habría que abandonar esa amistad, en lugar de poder solucionar las cosas y crecer juntos. Pero por lo menos puedes abandonarla sabiendo que hiciste todo lo que pudiste para intentarlo y salvarla.

Sobre los amigos que te abandonan sin avisar

Cuando los amigos te abandonan sin despedirse, es un tipo concreto de daño y aflicción sobre el que no solemos hablar. Los amigos que te dejaron sin decirte qué iba mal, incluso cuando te abriste a ellos y dejaste la puerta abierta para hablar sobre el tema porque tú no querías que terminara de este modo. Eso es brutal.

Lo más importante que hay que recordar es que, cuando ocurre esto, *normalmente no es por ti*. Sí, habría sido estupendo si pudieran haberte dicho qué problema había, pero a veces la otra persona te abandona debido a sus propias suposiciones, sus propios miedos, sus propios problemas, o bien no podía explicar lo que necesitaba y le resultaba más fácil limitarse a dejarte.

La otra posibilidad es que a veces alguien sí intentó hablar contigo antes de irse, y no sintió que le hicieran caso, así que pensó que no tenían elección. En el pasado he tenido que alejarme de un amigo con quien había intentado hablar muchas veces sobre su conducta dañina: a veces conmigo y otras veces con otros. Ha ocurrido con mucha frecuencia que yo sabía que aunque hablara con ellos una vez más era improbable que se pudieran dar cuenta de algún secreto de otra persona llena de comprensión que se escondía bajo su mesa de café. Y yo quería evitar para mí misma el dolor de intentarlo de nuevo y volver a quedar decepcionada, y tal vez, incluso, evitarles el dolor de decepcionar continuamente a alguien cuando no podían darme lo que necesitaba.

La mayor parte del tiempo, las personas que nos rechazan y nos dejan inesperadamente lo hacen para mantenerse seguros, aunque pensemos que no les hemos hecho daño. Lo hacen por evitar aproximarse demasiado a la gente, para evitar recibir daños. En muchas ocasiones, las personas incluso se felicitan a sí mismas por esta capacidad, por la velocidad y la frecuencia con la que pueden cortar una relación y salir corriendo cuando deciden que alguien ya no les gusta. Y no es necesariamente tarea nuestra diseccionar eso y decidir si es saludable o por qué lo hacen, aunque a menudo ese sea nuestro deseo.

También he tenido amigos que no sólo me dejaron sin ninguna razón, sino que cambiaron en un instante y se volvieron violentos antes de dejarme. Resultó muy molesto saber que simplemente podían accionar un interruptor, que alguien a quien había considerado mi amigo más íntimo pudiera ahora convertirse en un matón, que podía saber que me estaba haciendo daño profundamente y continuara haciéndolo. No puedo decirte cuántas veces ha ocurrido esto, sucedió especialmente en mis años de adolescencia.

Pero sé, por muchos años de localizar a amigos que se habían marchado sin avisar, o que habían sido crueles sin avisar y después se habían ido buscando la razón por la que lo hicieron, que esto en realidad nunca me ofreció el final que yo quería. Yo escribía cartas intensamente íntimas, esperando que les tranquilizaran, que se abrieran a mí y que pudiéramos charlar y solucionarlo, y nunca se solucionó de ese modo.

Por tanto, permíteme ahorrarte algo de tiempo. Si alguien se marcha sin decir una palabra, no le persigas. Deja que se marche la gente que quiere irse así, aunque te rompan el corazón más de lo que nunca podrías explicar.

Lo más difícil de darse cuenta es que no todas las amistades están destinadas a durar para siempre, por mucho que queramos que sea así. Muchas amistades están diseñadas para mostrarnos cosas, buenas y malas, sobre lo que queremos, lo que necesitamos y quiénes somos y no queremos ser, y quiénes somos y no queremos estar cerca.

Simplemente porque tu amigo se ha marchado sin avisar no significa que seas malo ni que merezcas que te abandonen. Y digo esto como alguien que ha luchado con eso en muchas ocasiones. Por tanto, óyeme cuando te digo: Ésa no es tu gente.

La parte complicada de las amistades es que ambas partes tienen que sentirse bien, la razón por la que es vital que la comunicación sea tan abierta como sea posible. Y si has hecho lo mejor con eso y no funciona para uno de vosotros, las personas tienen permiso para marcharse, aunque a nosotros nos resulte doloroso. Del mismo modo, nosotros tenemos permiso para abandonar lo que no funciona, aunque resulte doloroso para ellos.

Independientemente de quién deja a quién, hay un dolor inefable que se genera durante las rupturas de amistades, que puede ser tan doloroso como una ruptura amorosa, y puede decirse que mucho más. Te apenas por alguien que se había convertido en parte de tu corazón, de tu vida y de todo lo que conforma quién eres tú. Alguien que se había convertido en tu apoyo, alguien que se había convertido en tu familia. Soñabas con esa amistad, con adónde iría, en qué te convertirías. Pero cuando se acaba y esa persona se ha ido, bien porque ella se ha marchado o porque tú te has marchado, porque te ha hecho daño o simplemente ya no funcionaba, y el mundo te indica que te limites a seguir avanzando. No hables sobre ello, entierra esos sentimientos en tu interior. Todavía no tenemos palabras para eso, no tenemos un protocolo y no lo desarrollaremos hasta que hablemos sobre lo crueles y confusas que son las rupturas entre amigos.

En cualquiera de las amistades que he tenido que abandonar, incluso en aquellas que me dolieron mucho, espero sinceramente que esas personas hayan encontrado otras amistades que encajen mejor con ellas. Es posible poner fin a las cosas de ese modo, con comunicación, amabilidad y cuidados. Así es. Por tanto, si la persona que rompió la amistad lo hizo con una crueldad y unas heridas inexplicables que sentiste como un cuchillo sobre tu tripa, de verdad, eso habla de ellos. Y si eres el tipo de persona que nunca abandonaría una amistad que era cariñosa y amable siendo cruel e informal, entonces ¿por qué quieres seguir siendo amigo de alguien que no tuvo problemas en hacerte eso?

Los verdaderos amigos no son también matones, y los verdaderos amigos no siguen siendo amigos íntimos de quienes les complican la vida o abusan de ellos. Entonces, ¿ves lo que ocurre? Bueno, ahora ya tienes esa información. Y esa información, aunque resulte destructivo tenerla, dice mucho sobre esa persona y es un gran argumento para afirmar que no la necesitas en tu vida, y da gracias a Dios por darte cuenta de eso ahora.

De nuevo, la amistad consiste en reunir información, sobre ti mismo, sobre la otra persona, y encontrar las cosas que realmente quieres encontrar en las personas que te rodean. Aunque ya no sea en absoluto esta persona. Todo lo que te muestran, todo lo que te dicen, es un punto de referencia. Un punto de referencia frecuentemente desagradable y conmovedor, pero, no obstante, un punto de referencia. Y examinarlo de esta forma a menudo me ayuda a eliminar el dolor de las rupturas de amistades que siento tan dolorosamente personal, como si el final de esta amistad tuviera que ver con tu propia valía. No es así. Y darme cuenta de que ha aliviado la pena que he sentido en mis rupturas de amistades un millón de veces, además de preparar el camino para la amistad siguiente, y la siguiente.

Según mi experiencia, cuando empiezas a elegir mejores personas y a comunicarte mejor, tal vez te das cuenta de esos momentos en que alguien te hace daño o descubres que intentas demostrarles tu valía, puede tratarse simplemente de malentendidos o de problemas que se solucionan fácilmente. Y en el caso improbable de que no sea así, no les hagas caso. No los quieres en tu vida de todas formas.

La lealtad, en su sentido más puro, no es algo malo. Puede ser hermoso aferrarse a las personas con firmeza, valorarlas como regalos raros, sí. Pero también tenemos que recordar que, en muchos casos, reflexionar sobre tus amistades puede ser como limpiar tu armario. A veces hay dentro personas que antes encajaban con nosotros, pero que ya no. O que utilizábamos para sentirnos bien, pero ya no. Esto no significa que tengamos que llorar por ello, aunque podemos si lo necesitamos, pero también podemos estar contentos por las veces en que sí encajaron con nosotros, las ocasiones en que sí nos hicieron sentir bien, y después eliminarlas de tu armario y dejar que ocupe el puesto otra persona que tal vez encaje perfectamente.

De igual modo, quizás algunos amigos sólo necesiten nuevos botones o un nuevo dobladillo antes de que podamos mostrarlos de nuevo con orgullo. Y, para esas personas, eso puede significar establecer más limitaciones o comunicar abiertamente más de cómo te sientes, o cambiar la profundidad a la que interactúas con ellos, de la misma manera que hablamos sobre el tema en el capítulo de los niveles de amistad. Si quieres a alguien de verdad, merece la pena observar si puedes hacerlo funcionar de una nueva forma. Y luego, si se materializa la peor de las situaciones y finaliza la amistad, después de que te aflijas por ella, intenta dejarla ir y recuerda que ahora hay incluso más espacio en tu corazón para las personas que encajen mejor.

Y si te encuentras en el territorio intermedio de no estar seguro sobre si tu amistad debería finalizar o si deberías ocuparte de ella, puede resultar útil recordar que a veces lo mejor que puedes hacer por ti mismo y por la otra persona es deshacerte de la amistad. Alejarse puede ser realmente un acto de compasión, liberar a ambos del ciclo de desear volver a tu amistad como era antes, o a lo que tú habías esperado que llegara a ser.

En los mejores casos, puedes, afligido o no, hacer que cada uno vaya por su lado, decidido por saber que ambos lo intentasteis de verdad.

Y puedo prometerte que dos personas que se cuidan de verdad y que lo intentan de verdad siguen siendo una amistad muy exitosa, aunque finalice.

Cómo pueden influir en tu amistad el matrimonio y los hijos

Hicimos un trato hace años. Los hombres, los bebés, no importa… Somos almas gemelas.

SAMANTHA JONES, *SEX AND THE CITY*

Hace años vi *La boda de mi mejor amiga* y no entendí del todo por qué Annie se sentía tan molesta porque su mejor amiga iba a casarse. No comprendí cómo, cuando un amigo se casa o tiene hijos cuando tú aún no estás allí, o no tienes deseos de llegar a estar allí, puedes sentirlo como si estuvieras perdiendo a alguien. Ellos siguen vivos y siguen siendo tus amigos, así que, a menos que se vayan muy lejos, yo no podía entender cómo tener pareja, casarse o convertirse en padre, cambiaría las cosas. Ahora sí.

No sé si puedes entender totalmente en qué medida alguien que pasa por uno de esos cambios en su vida puede transformar tu amistad hasta que te sucede a ti. Cuando vi *La boda de mi mejor amiga* tenía algunos amigos que estaban casados y tenían hijos. Ninguna fase de la vida estaba en mi radar inmediato, y nunca sentí que la diferencia influyera en nuestras amistades. La medida en que estos cambios en la vida influyen en tu amistad suele reducirse a unos pocos factores: ¿Cuánto tiempo habíais sido amigos antes de que tuviera lugar el cambio en la vida y qué proximidad teníais cuando sucedió? ¿Querías experimentar lo que las otras personas estaban experimentando, pero no podías aún? ¿Y cómo cambió tu amistad después?

Si alguien se casa después de que hayáis sido amigos durante quince años, probablemente no te afectará tanto como si os hicisteis buenos amigos hace un año, y ahora, de repente, queda borrado del mapa por otra persona. Y si es así, podría tener algo que ver con el grado en que te sientes excluido, en favor de: ¿Quién Diablos es Brad H.? ¿Y Por Qué Diablos Ahora Él Tiene Acceso Prioritario A Mi Amigo? O tal vez no te afecte en absoluto si esa persona puede mantener sus amistades y sus nuevas relaciones amorosas e hijos, etc., sin perder el ritmo.

Tengo una amiga que rápidamente se convirtió en mi mejor amiga, hasta el extremo de que ambas hicimos esa dulce y extraña declaración de «¿Somos nuestros mejores amigos? ¡Yo siento que lo somos!», y la otra dijo, «OH, Dios mío, ¡yo también estaba pensando eso!», y las dos experimentamos un pequeño baile en nuestros respectivos corazones. Teníamos ese tipo de amistad que siempre he deseado, en la que nos enviamos muchos mensajes todo el día, todos los días, y nos enviamos la una a la otra todas las publicaciones que nos hacen pensar en la otra, que normalmente es cada pequeña cosa que vemos que queremos. Un tipo de amistad en la que cada una es una mitad de la misma persona. ¡Y yo la tenía! ¡Aquí estaba! Y después ella conoció a alguien. Y rápidamente se enamoraron y ella estaba con él constantemente, y yo tenía que manejar el muy real conflicto de encrucijadas de «Me alegro por ti, y también siento como si te hubieras ido», que puede ocurrir cuando uno de vosotros pasa por un enorme cambio en su vida y el otro no. Ella es verdaderamente maravillosa y me tranquilizaba de buen modo diciéndome que ella en realidad no se había ido y que solamente estaba atrapada en esa burbuja, lo cual yo comprendía por completo. Y cuando yo no lo entendía, llamaba a mi terapeuta. Y después llamé a mi terapeuta otra vez.

Aunque estés tocando el cielo con tus amigos cuando pasan por esos cambios positivos en sus vidas, sigue siendo totalmente normal que esos cambios saquen a la luz problemas olvidados, aunque sepas que en realidad no te están abandonando en absoluto. Porque, por ahora, y tal vez sólo por ahora, la dinámica de la amistad tal como la conocías anteriormente ha cambiado. ¿Durante cuánto tiempo? Probablemente no lo sepas. Y yo me di cuenta de que ésa fue otra ocasión en que podía ser de ayuda tomar contacto conmigo misma, para ver lo que se necesita, a fin de estar tranquila.

El hecho frustrante, pero en última instancia verdadero, es que, después de la universidad, las fases de nuestra vida influirán directamente en nuestras amistades en algún grado, grande o pequeño. Y no correlaciono directamente esto con la edad, aunque sé que a muchas personas les gusta. Conozco a bastantes personas cuarentonas que socialmente siguen estando en su veintena, o personas con veintitantos años que tienen una energía de vieja pareja casada, y las dos formas son estupendas, así que lo atribuiría más a una fase de la vida que a un rango de edad.

Las personas se trasladan, se casan, se enamoran, se enamoran pero, ay, no era amor, se encuentran a sí mismas y se pierden a sí mismas. Y la amistad consiste en poder amar y ayudarse el uno al otro en todas estas fases, y aprender a moldear tu amistad de formas nuevas y frescas, del mismo modo que esa arcilla puede moldearse y cambiar de color y textura para obtener algo nuevo, pero no necesariamente algo malo. Simplemente distinto.

Aun así, tener a alguien que atraviesa un cambio en su vida como casarse, encontrar pareja o tener hijos, cuando tú personalmente deseas experimentar eso y no has podido aún, puede sentirse como algo doloroso, aunque quieras mucho a tu amigo. Mientras seas amable con esta persona, a pesar de tus propios sentimientos conflictivos sobre algún tema, no creo que sea una manera egoísta de sentirte. Creo que es sincera. Es totalmente normal y razonable sentir celos cuando ves a alguien experimentando algo que tú has anhelado y no estás seguro de cuándo te llegará, si es que llega en algún momento.

Por tanto, examinemos esto durante un momento. No porque conlleve nada malo ser el único amigo, sino porque la sociedad tiene una visión tan complicada y extraña de «los amigos solteros cuyos amigos ya tienen pareja o están casados», que la gente puede, sin saberlo siquiera, representar estos ideales subconscientes (y sinceramente aburridos, con profundos defectos y a menudo sexistas), aunque los conozcan mejor. Suelen ser los siguientes:

173

1. **El indeseable que pasa el rato haciendo de carabina.** Hay una dificultad específica que ocurre cuando permaneces con dos personas que disfrutan de una intimidad el uno con el otro, de modo que es muy seguro que se olviden de que tú estás ahí, o bien teniendo una discusión terrible delante de ti, mientras tú te quedas allí sentado comiendo tentempiés y pensando *supongo que así es como va a ser siempre. Y yo sintiéndome solo como su extraño hijo.*

2. **Recibir invitaciones de lástima para hacer cosas.** «Deberíamos invitar a Deb, ¿no crees? Me refiero a que ella está sola por completo en [añade unas vacaciones o un día de la semana]». Después apareces y ellos actúan como si se sintiesen aliviados porque acudas a su fiesta, ya que eso significa que no te has puesto delante de un autobús.

3. **Tener que oír montones de tópicos como «Encontrarás a alguien» cada vez que hablas con tus amigos.** ¡Sí! ¡Estoy segura de que encontraré a *alguien*! Encontrar personas vivas es bastante fácil de hacer. ¿Me gustará en realidad? No puedo saberlo. ¿Conoceré a alguien cuando tenga ochenta y ocho años y me quede un año de vida? ¡Quién sabe! ¡Esas frases no ayudan! ¡Debes ser más concreto con tu adivinación de la fortuna!

4. **Aguantar que te pregunten «¿Qué es lo que pasó con ese fulano?», como si fuera El Único y tú lo hubieras echado a perder.** «Bueno, puse su cara en un envase de leche, pero hasta ahora no ha habido respuesta». ¿Qué crees que ha ocurrido? Él lo estropeó o yo lo estropeé, pero, de cualquier manera, algo se echó a perder, no estamos juntos y es lo mejor. Por favor, nunca vuelvas a sacar el tema.

5. **Ver a tus amigos superfelices en parejas que son superfelices.** Esto es maravilloso en cierto modo, de verdad que lo es. Pero al mismo tiempo puede generar ansiedad si tiendes a preguntarte si tú también has llegado a tener eso, y una extraña vergüenza automática puede contribuir a que no sea culpa de tu amigo en absoluto, pero aun así te sientes mal.

6. **Fiestas con cena en las que te sientas entre dos parejas porque eres la única persona que acude sola.** Y si allí no eres la única persona que está sola, tal vez te sientes cerca de alguien con quien nunca tendrías una cita en un millón de años, y que cree que te vas a casar con él porque sois las dos únicas personas sin pareja. ¡Qué

romántico! ¡Menuda historia para contar a tus hijos! «¡Bueno, vuestro padre era mi única opción y después os tuvimos a vosotros!».

7. **Tus amigos con pareja quizás no respeten tu tiempo.** Se trata de los amigos con pareja que sólo te llaman cuando sus compañeros están fuera de la ciudad. O suponen que tú nunca estás ocupado porque no estás casado ni tienes hijos, lo cual, aunque no estés ocupado por eso, es una opción que se te permite hacer: no estar ocupado de esas formas específicas.

8. **Todos tus amigos piensan que las horribles historias sobre tus citas son muy graciosas.** «¡Oh, Dios mío! ¡Tú siempre tienes las historias más absurdas! Ah, estar sin pareja de nuevo. Menudo viaje emocionante». ¿Te refieres a seguir teniendo citas de «me gustaría haberme quedado en casa», con las que te entusiasmaste mucho y después fueron una enorme decepción, o dejó de contestar, o bien tuviste que hacer un encargo restrictivo, lo cual socavó tu esperanza de que existe el amor? Yo paso.

9. **Amigos que te dicen «no te cases nunca», cuando ellos discuten con sus parejas y por eso pierdes todas tus esperanzas sobre el amor.** ¡No me cuentes eso! Dime que es complicado, dime que puede ser difícil, pero que merece la pena. Pero no quiero oír «El matrimonio es horrible. El amor es una mentira», dicho por una pareja que considero el modelo de relación que me gustaría tener. ¿Estás intentando matarme?

Y después están los interminables consejos no solicitados que probablemente procedan de personas sobre cómo se supone que tú ingresarás en sus filas, feliz o infelizmente, en cuanto tengas pareja. Los amigos con pareja que dan consejos a sus amigos solteros, como si hubiese una forma de «curarles», tienen que llegar a encontrar otro modo de comunicarse. Ser el amigo soltero no es un defecto que necesitas enmendar, no es un problema que necesitas solucionar. Y así, todos los tópicos de «Ocurre cuando no estás mirando» o «Tal vez, simplemente, deberías probar a no tener ninguna cita durante un tiempo» son inútiles. Nadie te diría nunca esto sobre los empleos. «Oh, ¿no puedes encontrar el trabajo de tus sueños? ¡Quizás deberías estar sin empleo durante unos cuantos años, aunque lo perderás todo y tu vida será terrible!».

Ejercemos mucha presión los unos sobre los otros para encontrar la pareja perfecta, porque todos los demás que hay a tu lado ya la tienen, pero resulta interesante que no tendemos a hacer eso con las amistades. Nuestros amigos que tienen grupos de amigos muy unidos no ofrecen los mismos consejos estereotipados a las personas que llegan a cierta edad y siguen sin tener los amigos de sus sueños; sólo nos limitamos a dejar de hablar sobre ello por completo. O intentan introducirte en su grupo de amigos, aunque es posible que tú no encajes adecuadamente. Pero esa presión para que todos sigamos el mismo camino, para que alcancemos las mismas metas en ciertas fechas límite, puede seguir estando muy presente. Y simplemente no es cierto.

Es muy fácil pensar que se supone que todos nos encontramos en recorridos paralelos. Que si todos nuestros amigos realizan esos cambios en sus vidas de inmediato, entonces están haciendo todo correctamente y nosotros nos equivocamos. Que ellos van por delante y nosotros por detrás. Pero la cuestión es que tal vez todos tus amigos que se han casado antes que tú se divorciarán años después, cuando tú te cases. Quizás los amigos que tuvieron hijos antes que tú desearon haber esperado hasta más adelante. O puede que tus amigos que hicieron cosas antes que tú eligieran alternativas perfectas, y que eso sigue sin querer decir que tus elecciones son menos aceptables.

Sé que probablemente habrá personas que lean esto y que también resulte problemático que sean los únicos amigos casados, o los únicos amigos con pareja, o los únicos amigos que son padres, y que se sienten distanciados de los amigos que aún no han alcanzado esos hitos. He oído a muchos amigos que se han sentido muy solos cuando han tenido un nuevo bebé, y sus otros amigos de algún modo han desaparecido porque han supuesto que estaban demasiado ocupados siendo padres por primera vez para desear estar con los amigos. Me sentí desolada al oír eso, porque es precisamente lo que siempre había supuesto sobre los amigos que tenían hijos. No me acercaba tanto a ellos porque no quería ser la amiga que no tiene hijos, que les pregunta sobre salir el viernes por la noche y que les parece insensible porque, por supuesto, no pueden ir, están demasiado cansados o necesitan cuidar y/o estar con su nuevo hijo.

Hay mucho espacio para los malentendidos por ambas partes durante estos cambios vitales, especialmente si nunca antes has pasado por esa experiencia. Aunque ya hayas tenido hijos o te hayas casado antes, quizás aún no sepas cómo se sienten tus amigos en relación con esto, o qué necesitan ahora de sus amigos. Es posible que aún quieran que les inviten a salir, aunque probablemente no puedan, por lo que puedes llegar a un acuerdo preguntándoles de todas formas si pueden salir y diciéndoles que no te sentirás molesto con ellos por decir que no. Esa puede ser una forma excelente de conocer a alguien en la situación en que se encuentran ellos.

Resulta vital mantener abiertas las líneas de comunicación, y refrescar la memoria al otro si es necesario. Si uno de vosotros piensa en silencio *Bueno, no quiero molestarles porque probablemente estén ocupados con su nuevo [añadir aquí el cambio en la vida]*, y la otra persona piensa *no he oído nada de ellos durante algún tiempo, supongo que ya no les gusto tanto*, ¿qué de bueno hace eso a cualquiera de vosotros?

En estos casos, creo que lo que nos mantiene en silencio, y lo que me ha mantenido en silencio, es el miedo a hacer algo inadecuado, de esperar algo injusto o de que se trata sólo de mis «extraños» problemas, y que la otra persona me juzgue o desestime mis sentimientos. Pero, cuando siento eso, tengo que recordar que esta persona no es una extraña, que es mi amigo desde hace mucho tiempo y que me conoce. Probablemente sepa que mis problemas no son extraños, sino que, por el contrario, son emociones muy humanas.

El temor en este caso suele ser que, si comunicas esos sentimientos, ellos no puedan darte lo que necesitas, no podáis poneros de acuerdo o que te criticará y no habrá forma de seguir adelante. Pero, aunque no pueda solucionarse, he descubierto que siempre merece mucho más la pena intentarlo, tratarlo de frente, antes que limitarse a desear en silencio que las cosas sean distintas, cuando es posible que puedan serlo por completo. Y si no pueden, por lo menos no tienes que gastar más tu valiosa energía preguntándote.

Si tu gente es de verdad tu gente para toda la vida, crecerá contigo, cambiará contigo y respetará tus sentimientos sobre cómo han cambiado ellos, de la misma manera que tú respetarás sus sentimientos sobre cómo has cambiado tú. La verdad es que las amistades a largo plazo serán tanto un proceso de aflicción como de descubrimiento, a lo largo de los años. Si puedes encontrar una forma de hacer eso juntos, como un equipo, como dos personas que se sienten muy estimuladas por conocer toda nueva naturaleza en la que cada uno de vosotros se desarrolla y florece, entonces sin duda merece la pena.

Y después llegáis a estar ochenta años juntos, reflexionando sobre todo ello, en cómodas sillas de mimbre, mirando hacia atrás pensando en todas las personas que fuisteis durante vuestras vidas en común, agradecidos de haberos conocido el uno al otro.

La frustrante conciencia de tu papel en la elección de los amigos equivocados

Supongo que todos nosotros deseamos que nos quieran.
Es difícil decir no a eso, independientemente de
dónde proceda.

RUTH FISCHER, *SIX FEET UNDER*

En algún punto de mis interacciones con *hippies* adeptos a la New Age que tal vez sean, o quizás no, tóxicos (los buenos son muy buenos, pero los malos son como una pesadilla en pantalones de yoga), una persona que era una pesadilla en pantalones de yoga me dijo que nosotros elegimos todo lo que nos va a pasar antes de nacer, como parte del camino de nuestra reencarnación.

Si sólo has dicho «Espera, ¿qué?», eso fue lo que hice yo cuando lo oí. Se trata de la idea de que nosotros hemos elegido todas nuestras experiencias traumáticas, angustias y problemas, porque ése era nuestro mejor camino hacia la iluminación en esta vida. Es una idea que considero profundamente defectuosa de muchas maneras, porque es demasiado fácil oír esto y deslizarte hacia un agujero llamado «Me merecí [añadir dolorosas experiencias traumáticas]», que nunca jamás es cierto. Si has atraído a un flujo incesante de amigos poco saludables, no creo que se deba a que los quisieras o que te merecieras amistades tóxicas, sino que las *toleraste* basándote en lo que sabías en el pasado, en lo que te parecía familiar y en tu capacidad para escaparte de señales de alarma o ignorarlas.

En lugar de considerar esto como una oportunidad para reprenderte a ti mismo y decirte que no deberías sentirte molesto porque «elegiste» esto, yo lo veo como una oportunidad para examinar las razones por las que elegiste personas que eran inadecuadas para ti o que te trataron mal, las razones que puedes y que no puedes controlar.

Yo solía pasar gran parte de mi tiempo intentando arreglar las cosas que no podía controlar, respirando hondo, como si yo no tuviera el control de mis amistades. Fue sólo al comenzar a ocuparme de por qué permitía tener a personas inadecuadas en mi vida cuando empecé a ser consciente de qué podrían querer decir en realidad esos tópicos frecuentemente vacíos y mal expresados.

En todas mis amistades fracasadas yo me había sentido atraída inconscientemente por personas que nunca podrían darme de verdad lo que yo quería o necesitaba. Yo no lo sabía en ese momento, pero, sin darme cuenta, había desempeñado un papel en el acto de tener amigos espantosos al tolerar conductas incompatibles que me hacían daño, que subestimaban mis propias necesidades y que nunca se enfrentaban abiertamente a otros para hacer posible los cambios. Y sí, esos amigos también podrían haber iniciado esas conversaciones, y muchos de ellos deberían haberse portado mejor a pesar de todo, pero yo a menudo me implicaba en amistades con personas que tenían incluso menos probabilidades de ser conscientes de estas dinámicas que yo en ese momento, por no hablar de tratarles mediante una comunicación abierta.

Así que tuve que preguntarme a mí misma cuáles eran mis creencias sobre la amistad que anteriormente me habían llevado a admitir, o tolerar, personas de estas categorías:

- Represión
- Cuidados y afectos inconsistentes
- Casos de abuso emocional o incluso físico
- Traición
- Incapacidad de expresar emociones
- Incapacidad de expresar remordimiento o hacerse responsables de las propias acciones

- Incapacidad de generar cambios duraderos en las conductas perjudiciales

De igual modo, te animo a que te tomes un momento para pensar en tus amistades pasadas que finalizaron o no funcionaron, o incluso las que tienes ahora y que no funcionan tan bien como te gustaría, y que examines lo que pueden tener en común. Siéntete libre para usar el espacio de debajo a fin de escribirlas.

¿Qué patrones tiendes a ver en las personas que eliges para estar cerca de ellas? ¿Hay algo que observes que te sigue ocurriendo?

_____

_____

_____

_____

_____

_____

_____

_____

_____

_____

Es probable que, mientras escribas, ya hayas tenido un momento de *flash,* de «Oh, Dios mío, eso se parece mucho a mi padre, abuelo o hermano», o a alguien de tu niñez que estuvo cerca de ti. Y si no ha sido así, probablemente tengas uno mientras lees esa última frase, y no es una coincidencia, pero resulta bastante alucinante en qué medida siempre vuelves a eso.

A menudo hablamos sobre en qué medida nuestros progenitores, cuidadores y experiencias de nuestra niñez influyen en quién elegimos como pareja amorosa, pero raramente –si es que alguna vez lo hacemos– hablamos sobre en qué medida elegimos nuestros amigos exactamente de la misma forma. Por tanto, si tuviste muy pocos –o ninguno– ejemplos de cuidados y relaciones saludables de niño, ¡entonces sorpréndete! Tienes la tarea frustrante de darte cuenta de que podrías estar funcionando con el piloto automático en lo relativo a elegir o tolerar amigos que son totalmente inadecuados para ti.

En lugar de quedarte atascado en el acto de autoculparte o avergonzarte, siente el orgullo de tu capacidad de ser sincero contigo mismo sobre lo que te ha llevado aquí, que estás aquí, y siente el alivio de ver por fin esos patrones y de que ya no quieres repetirlos. Coge esa información, respétala y ahora úsala para aclarar el camino y conseguir lo que de verdad quieres y siempre –por cierto– has merecido.

Qué hacer cuando
por fin encuentras a tu gente:
Cómo ser un buen amigo

> Todo el mundo necesita un amigo a quien poder llamar y despertar en medio de la noche. Leslie normalmente ya está levantada… y a menudo suele estar de camino.
>
> ANN PERKINS, *PARKS AND RECREATION*

Tal vez pensabas que, en el momento en que encontraras a tu gente, lo sabrías y te sentirías estupendamente al instante y para siempre. Pero, por mi experiencia, si te has esforzado para encontrar mejores amigos durante un largo tiempo, tal vez ni siquiera detectes cuándo tus amistades por fin mejoran. No porque no sea notorio, sino porque es fácil acostumbrarse a ser la persona que discute con sus amistades, acostumbrarse a llevarse decepciones y acostumbrarse a estar equivocada sobre alguien.

Hace poco oí a una amiga hablar sobre una caja de comida que su amiga le había enviado, y lo primero que pensé fue *Ay, me gustaría tener amigos que hicieran eso por mí*. Una semana después me llegó por correo una caja de comida de parte de un amigo por Internet, y fue perfecto. Y pensé *Oh, espera, ¿ahora tengo amigos de esa clase? ¿Soy alguien que tiene eso?* Me sentí asustada y confusa, como si lo tuviera ahora y también pudieran quitármelo para volver a mi situación anterior.

Porque ¿cómo puedes saber si es distinto en esta ocasión? ¿Cómo puedes afirmarlo? Pasamos mucho tiempo buscando banderas rojas que indiquen lo que no funciona, aquello con lo que hay que tener cuidado y cómo romper antiguos patrones, pero es igual de importante saber cómo indicarlo cuando las cosas funcionan. ¿Cómo sabes cuándo tus amistades por fin son más saludables, cuándo una amistad conlleva una promesa real y cuándo deberías comenzar a confiar más en una amistad porque te hace realmente feliz? A continuación, cito las banderas verdes:

1. **Puedes relajarte con ellas.** Esto es algo que he visto constantemente cuando me encuentro al lado de mis personas favoritas. Y aunque se podría tardar un tiempo, especialmente si tienes ansiedad, las mejores personas son las que hacen que te sientas seguro para ser todas las versiones de ti mismo.

2. **Te sientes seguro al cometer errores.** Te sientes seguro cuando no te comprenden, seguro para concederte el beneficio de la duda si dices algo que no queda claro y seguro para no preocuparte por si estás haciendo todo «correctamente» porque, si no, se enfadarán contigo.

3. **Puedes mostrar tu desacuerdo y comunicar tus sentimientos abiertamente al saber que los dos estáis en el mismo equipo.** ¿Me he dado cuenta sólo recientemente de que esto era posible? ¡Sí! ¿Lo tuve en el noventa y nueve por ciento de mis relaciones anteriores? ¡No! Pero esto es una enorme bandera verde, y si lo tienes con alguien se trata de una señal estupenda. Especialmente si tú, igual que yo, pasaste muchas amistades anteriores asustado de sacar el tema alguna vez. Resulta muy liberador estar junto a alguien que te permite hacer eso de un modo con el que sabes que todo el mundo será respetuoso y respetado.

4. **No te preocupas por el modo de ayudarles.** O, si lo haces, siempre te hacen sentir cómodo rápidamente, además de contento por tratar esos sentimientos de incertidumbre o inseguridad que pueden surgir debido a tus experiencias anteriores. Entonces esto te facilita la labor para sentir cada vez menos esa ansiedad, hasta que un día ya nunca la sentirás en absoluto.

Parece armonioso, ¿verdad? Ése es el objetivo.

* * *

Ha sido surrealista darme cuenta de vez en cuando de que muchas de estas banderas verdes están presentes en mis amistades, y de que tengo amigos de verdad, al menos a algún nivel (¿Ves? Ni siquiera puedo decirlo sin dudar, por eso sigo teniendo ansiedad ante el tema). Amigos que de verdad se preocupan por mí y que probablemente seguirán siendo amigos, siempre que yo se lo permita y mientras ambos mantengamos esta forma de vida, respirando la amistad que construimos juntos.

Del mismo modo que el crecimiento se siente como algo increíble, puede parecer extremadamente difícil aceptar que mi historia ha cambiado y que puede cambiar, y potencialmente lamentar la pérdida de mi identidad como alguien que ha luchado mucho con eso anteriormente, porque el dolor de no tenerla demasiado tiempo y temer que es posible perderla de nuevo pueden ser muy grandes. Por tanto, si hay gente en tu vida a la que quieres, pero también tienes que luchar con esas cosas, quiero que sepas que para mí tiene mucho sentido y que no estás solo al sentirlo.

La transición de «¿Dónde están mis amigos?» a «Mis amigos por fin están aquí, ¿qué hago ahora?» es muy real y puede parecer totalmente abrumadora. Forma parte de ella tratar y apenarse por la pérdida de la parte de tu ser que se sentía tan cómoda con las relaciones tóxicas mientras te estableces en la realidad extrañamente medrosa de las amistades que funcionan, las amistades que colaboran y las amistades que aún necesitan algo de trabajo (pero, por lo menos, no es ni mucho menos tanto trabajo como requerían tus amistades tóxicas). Y podría no tener el aspecto que siempre pensaste que tendría.

Mis amigos actuales, de alguna manera, son por completo lo que yo soñaba cuando era una adolescente excesivamente romántica. Y de otras formas son muy diferentes de ese ideal, como tal vez debe ser. La mayoría de nuestros amigos no parecerán ser exactamente como antes habíamos pensado que serían, sobre todo si tu única fuente de cómo «deberían» ser eran las amistades de la cultura popular de ficción. Pero precisamente porque tal vez parezcan diferentes, es lo que hace que no cambie el hecho de que todo lo que queremos en nuestras amistades siga siendo posible, aunque se desarrolle lentamente, pero de una forma bella, poco a poco, a lo largo de nuestras vidas.

Una vez que tengas amistades que creas que son las mejores para ti, que se sientan prometedoras y parezca que encajan con un buen comienzo, en ese momento te encontrarás en un lugar maravilloso, en el que deberías ser consciente de tres cosas: valorar si tu amigo está siendo un buen amigo para ti, comunicarle abiertamente que le das una oportunidad para hacerlo mejor si lo necesita y, lo que también es importante, ser tú un buen amigo para él.

Para las personas que tienen problemas con la codependencia y dan demasiado, la última parte será más o menos innata, pero, dado que muchas personas no luchan con eso (*guau, vaya regalo, parece estupendo*), esta parte es muy importante. Es tan fácil obsesionarse con cómo otras personas están siendo perjudiciales que a veces no pensamos también en cómo nosotros podríamos ser mejores para nuestros amigos. Siento una gran comprensión en relación con esto, porque sé que normalmente procede del miedo que no quieres que entre en juego, o por aproximarte demasiado a alguien de quien no estás seguro de que le importes, pero eso es por lo que sigo insistiendo en la importancia de mantener ambos lados de esta calle de dos direcciones tan agradables como sea posible.

Muchas personas no están seguras de lo que significa de verdad ser un buen amigo, y gran parte de ello es muy personal para cada uno de nosotros. Por eso es una idea excelente volver a la sección sobre los estilos de apego y asegurarte realmente de que sabes cómo es aplicable a tu situación, para que puedas saber cómo es ser un buen amigo con cada uno de tus amigos. ¡Pregúntales cuál es su lenguaje para el amor! ¡Haz esas cosas para ellos! Ser un Buen Amigo es algo subjetivo sin duda, por lo que duchar a alguien con macarones[6] todos los días al mediodía tal vez sea el paraíso para una persona, pero para otra sea una

---

6. El uso de «macaron» en la obra original en inglés indica que la autora no se refiere al tipo de pasta que todos conocemos bien, sino a un tipo de galleta de origen francés. *(N. del T.)*.

molestia atiborrarse de hidratos de carbono. (Nota: si es de este último tipo, aceptaré con gusto sus macarones y, si no puedo terminármelos, los conservaré en mi frigorífico para comérmelos dentro de una hora. No se desperdiciarán de ningún modo).

Por ello, a continuación, comento algunas cosas que he aprendido sobre cómo ser un amigo excelente. No tienes por qué hacerlo todo, y no tienes que hacerlo habitualmente, y por supuesto todos ellos dependen de lo cómodo que te sientas demostrando amor. Pero es agradable disponer de un recordatorio de formas con las que podemos hacer que alguien se sienta visto y querido, además de saber que pensamos en él:

1. **Si pensabas coger café, hazlo para los dos cuando vas de camino para encontrarte con él.** Me encanta mucho este acto, y a menudo sólo lo vemos en las comedias románticas con citas adorables, pero es una cosa encantadora para hacer con los amigos. Además, probablemente supieras lo que de todas formas iban a encargar, y de este modo los dos obtendréis suficiente cafeína para lo que es evidente que va a ser un día increíblemente maravilloso.

2. **Llevar tentempiés a su sitio siempre que pases por allí.** Éste es un gesto muy simple, pero también es superdulce, especialmente si a los dos os encanta la comida tanto como a mí. Resérvate un momento e imagina que tu mejor amigo hace esto por ti. Le mirarías como si fuera el Oprah[7] de los centros de reunión. *¡Y tú obtienes un tentempié, y túúú obtienes un tentempié y túúúúú obtienes un tentempié!*

3. **Envíale una lista de reproducción de canciones que te recuerdan a él cuando esté teniendo un día duro.** Será mucho más difícil que se siga comiendo la cabeza por olvidar hacer algo importante para su jefe cuando esté escuchando canciones de su amigo, que ha sido suficientemente atento para hacer esto por él.

4. **Invítale a ir a tu casa cuando limpies tu armario, para que pueda pedirte alguna de sus prendas favoritas antes de que la dones.** Es como ir de compras gratis, más un desfile de moda, más regalos al

---

7. Oprah Winfrey es una presentadora, actriz y escritora estadounidense muy conocida. *(N. del T.)*.

final. Ésa es una buena forma de quedar. (Nota al margen: ¡siempre que no QUIERAS QUEDARTE CON TODAS LAS PRENDAS DESPUÉS!).

5. **En secreto, di al camarero cuándo es el cumpleaños de tu amigo y encarga su postre favorito.** Así él no sólo obtiene tarta, sino también una embarazosa representación de «Cumpleaños Feliz», cantada por un grupo de excelentes camareros que tal vez no disfruten con esta faceta de su trabajo.

6. **Escríbele cartas físicas en papel, con bolígrafo.** No son tan fugaces como los mensajes, y puedes utilizar un papel de buena calidad. Creo firmemente que a todo el mundo le gusta recibir correo en papel y que nunca pasará de moda.

7. **Si te invita a cenar, friega los platos sin decir nada.** Tal vez ni siquiera lo note en ese momento, pero después, cuando vaya a lavar los platos y vea que ya lo has hecho tú, pensará *Oh. Esto es por lo que somos amigos.*

8. **Envíale un mensaje para hacerle saber que estás pensando en él.** Especialmente si se ha estresado por algo, pero también porque sí. ¿A quién no le gusta oír que alguien está pensando en ti? Está entre los mensajes favoritos que yo recibo.

9. **Si ves algo que crees que le gustaría, cómpraselo.** Aunque no sea su cumpleaños, Navidad o algún otro momento para dar un regalo. La vida es breve, y vosotros, de alguna manera, os habéis descubierto el uno al otro. Nunca podrás celebrar eso demasiado. A no ser que te diga que lo estás haciendo, en cuyo caso deja de hacerlo, creo yo.

Si tienes cubierta la sección de gestos dulces y quieres profundizar en lo que ya tienes, hay muchas formas de hacer eso. Y aunque no quieras hacer nada en absoluto, tan sólo el hecho de conocer a alguien durante años y pasar todos los altibajos y los cambios profundizará lo que tienes. Ésa es la belleza de la longevidad y la intimidad. Pero si quieres cosas activas que puedes hacer para estar más cerca de tu amigo, a continuación cito algunas ideas.

1. **Pasar juntos unas vacaciones realmente maravillosas porque os lo merecéis.** No tiene por qué ser un viaje de cinco estrellas a

España, sino que limitarte a coger a tus amigos e ir a algún sitio donde haya caramelos de menta sobre las almohadas y un bar junto a la piscina, con socorristas de ensueño, os hará sentir que sois como ese grupo de buenos amigos guais de los programas de televisión que te encantan, lo cual es un sentimiento que todos merecemos tener.

2. **Lograr conocer las partes más desagradables del otro.** Es fácil pasar mucho tiempo con tus amigos hablando sobre cosas superficiales y dando vueltas a los detalles de ese día y de cómo fue el trabajo, pero es igual de importante tomarte algún tiempo para conseguir conocer las cosas que los llevó a ser quienes son. Puede ser maravilloso pasar toda una noche dedicada a averiguar los recuerdos más tristes de tus amigos, sus recuerdos más felices, sus recuerdos más siniestros. Haces esas cosas con las personas con quienes tienes una cita, así que ¿por qué no lo harías con el amigo al que probablemente conocerás durante el resto de tu vida?

3. **Meterse en una discusión descomunal y trabajar juntos para superarla.** Di todas las cosas que has deseado decir tan directamente como sea posible. Cuando menciono decirlas directamente, me refiero a no suavizarlas de forma que en realidad no estés comunicando lo que está mal, lo cual puede dificultar a la otra persona ayudarte a abordarlas. No quieres sólo echarle en cara una larga lista de quejas sobre alguien, de buenas a primeras, de una forma dañina, sino que quieres ser sincero sobre cosas dolorosas de un modo que haga saber a la otra persona lo que tú necesitas y cómo te sientes. Porque, una vez que eliminéis todo eso de vuestra relación, no sólo os habréis librado de todo ese bagaje oculto entre los dos, sino que demostrará que vuestra amistad es fuerte como el infierno y que podéis manejar incluso la peor de las discusiones, lo que es realmente superreconfortante. Y si necesitas un recordatorio de cómo discutir de mejor forma, puedes revisar el capítulo de este libro sobre ese tema.

Una de las cosas más importantes que he tenido que recordarme a mí misma es que las amistades no tienen por qué ser de cierta manera para que «cuenten». Y si has tenido un mal momento sintiéndote seguro con gente, podrías tardar años en sentir de verdad que sí tienes amigos, y no aparecerá algo horrible para acabar con todo.

También me he dado cuenta de que cada vez que he pensado que faltaba algo en una amistad, o que algo era un error, me ha servido de recordatorio para volver a señalar mis propios límites. Esto me ocurre a menudo, y si te sucede lo mismo, puedes volver a esas secciones del libro una y otra vez. Si te sientes confuso con tus propios sentimientos, o sobre cuándo y cómo tratar los problemas de tu amistad, este libro está pensado para que lo utilices una y otra vez para ayudarte. Aunque las cosas os hayan ido bien a ti y a tu amigo durante años, aún podrías una vez más descubrir que las cosas están torcidas, o darte cuenta de que ya no os hacéis felices, y necesitas preguntarte por qué y después decidir qué hacer. Es un buen momento para volver a esas secciones, señalarlas frenéticamente, recordarte que hay herramientas y que esos sentimientos incómodos no son permanentes. Siempre hay una solución, aunque parezca que no la hay.

Igual que yo podría querer abandonar una amistad que se ha ido desgastando, me recuerdo a mí misma que puedo utilizar estos momentos como estupendas oportunidades para ser consciente de mis propias necesidades y límites, y de cómo puedo comunicarlas de forma abierta y eficaz. Aunque eso no arregle esta amistad en particular, se trata de una habilidad inestimable que podría llevarte hasta la siguiente amistad, y a la siguiente.

Y si todavía no puedes llegar a tus amistades, no hay problema. Si has hecho algún progreso, pero aún tienes heridas que sanar en torno a este tema, no hay problema. Si todavía esperas encontrar a tu gente o no estás seguro de si la has encontrado o no, tampoco hay problema. Y si te has dado cuenta de haber encontrado a tu gente y ahora sabes cómo tener una mejor relación con ellos; o si sigues esperando a conocer a tu gente, pero ahora estás totalmente preparado para encontrarla y estimulado para experimentar amistades que siempre has querido, me sentiré muy contenta.

Por encima de todo, está bien si aún deseas las amistades de ficción que viste mientras crecías, aunque recordando también que esas amistades, a pesar de ser reconfortantes, no siempre son realistas, y comparar con ellas nuestras amistades de la vida real puede convertirse rápidamente en un ejercicio de masoquismo.

Por tanto, se convierte en un malabarismo entre no tenerlas y darse cuenta de que las amistades de la vida real tienen matices, pueden cambiar de aspecto y muy posiblemente pasan a ser muy cercanas a lo que tú siempre habías esperado conseguir mediante la comunicación y los límites. A muchos de nosotros nos encantan los «programas de garitos» porque ver en televisión gente que tiene grandes amistades es mucho menos complicado que manejar nuestras amistades en la vida real. Pero yo sé que merece la pena por esos momentos en que tu amistad no sólo se percibe tan buena como las que ves en televisión: se siente incluso mejor, porque es real.

He empezado a darme cuenta de que tal vez *sí* encontré mi gente, y que quizás las personas a las que he estado esperando y los encuentros románticos ya están en torno a mí, aunque se trate de sólo una o dos personas. Puede que gran parte del acto de encontrar a tu gente consista en darte cuenta cuando la hayas encontrado. Porque si tienes a alguien que está dispuesto a trabajar en tu amistad contigo, aunque no se parezca a lo que tú habías esperado, pero está muy cerca, entonces tal vez podáis llegar juntos a ese sitio. Igual que podría parecer que encontrar a tu gente será un momento crucial en el que te introducirás en una nueva realidad y te quitarás el polvo a ti mismo, pensando *Eso está establecido en la siguiente fase maravillosa*, es posible que se incluya un proceso sorprendentemente doloroso.

Dado que cada vez me doy más cuenta de que he encontrado a mi gente, o por lo menos a parte de ella, he tenido que trabajar para afligirme y liberar la parte de mí que no creía que ello pudiera ocurrir, sigue habiendo dolor por todas las amistades que fueron perjudiciales o que perdí, y sigo temiendo que mis nuevas amistades me abandonen o se conviertan en dañinas. Es extrañamente difícil abandonar esa identidad, aunque sea incómoda. Es muy fácil convertir algo que no querías (no tener tu gente) en una identidad, como forma de enfrentarse al dolor. «No tengo los amigos que quiero, pero no está mal, soy un solitario molón, realmente es un indicio de tranquilidad». Y después, un día, por fin piensas que has encontrado a tu gente, pero luego te hacen daño o la situación se derrumba y una vez más vuelves a lo que conocías: soledad, decepción, aislamiento y el deseo de tener algo mejor.

A menudo, cuando por fin ves algo de consistencia, sanación y mejora, probablemente pases por ese miedo a que te abandonen, y quizás incluso un rechazo total hacia esas personas como amigos reales, porque alguna parte de ti se ha acostumbrado demasiado al sentimiento de esperarles. Nos sentimos más seguros con lo que conocemos.

Sabes cómo tratar con el hecho de querer más de la gente, sabes cómo hacerte ilusiones con cómo serán algún día tus amigos perfectos, por lo que entonces, cuando estés más cerca de tenerlos, o incluso por fin ya los tengas, eso puede sentirse como algo aterrador. Para ti es nuevo sentir esto como algo positivo por tus amistades, así que ¿cómo lo manejarás? ¿Y qué sucede si parece que has encontrado a tu gente hasta cierto punto, pero aún sigues esperando, incluso más, de ellos o de otros?

Encontrar a tu gente consiste en todas estas cosas. Es dolor, esperanza, miedo, trabajo, adaptación y comunicación. Es fácil y es difícil, es enfrentarte a heridas anteriores y hacer espacio en tu corazón y tu cerebro para aceptar cosas que ahora podrían ser mejores, que son mejores ahora. Aunque aún no sean completamente perfectas. Aunque la amistad perfecta, tal como has crecido definiéndola, no exista o haya cambiado de significado por completo. Alguna parte del hecho de encontrar a tu gente consiste en realidad en disfrutar de cualquier camino en el que te encuentres y disfrutar de cualquiera y de todos los momentos de alegría y conexión que te conducirán a las amistades puramente buenas que estás destinado a tener. Puede que sean los amigos que tienes ahora, puede que no. Pero en todos ellos hay cosas buenas que puedes descubrir, y hay lecciones en cada uno de ellos que te llevarán adonde quieres ir.

Y quiero que tengas esa firme fe en ti mismo, en que encontrarás las amistades con las que sueñas, y que conseguirás de ellos todo lo que quieres, incluso los mayores sueños sobre la amistad de los que nunca has contado a nadie.

Algunas personas siempre han fantaseado sobre el día de su boda. Sueñan con cómo será su ropa, cómo será la música, los tipos de flores que elegirán, ver allí a todas las personas a las que quieren para celebrarlo con ellos. ¿Por qué es el matrimonio lo único con que fantaseamos en lo relativo a nuestras relaciones? Porque puedo decirte ahora mismo, cuando pienso en la mejor situación de cómo será cuando encuentre a mi gente, que puedo verlo todo con la misma claridad.

¿Cómo será para ti tener por fin las amistades con las que soñabas de niño, o con las que incluso sueñas ahora? Quizás sea tener el copiloto definitivo en un viaje por carretera realmente increíble al extranjero durante dos meses. O tal vez sea tener por fin un contacto para las urgencias al que puedes escribir sin ni siquiera pensarlo, alguien que conoces que siempre estará allí si le necesitas. En lo que a mí respecta, yo siempre pienso en tener una fiesta sorpresa.

He organizado fiestas sorpresa para otras personas y he asistido a muchas, pero nunca he tenido una (no obstante, sigo siendo optimista). Para mí, una fiesta sorpresa es la forma final de ensueño de la amistad, y la deseo en gran medida. He querido una desde que era una niña pequeña, y cada año desde entonces quiero una, o incluso más de una.

Quiero una fiesta de cumpleaños sorpresa, organizada por mis amigos, en la que no tenga que hacer nada para organizarla. Quiero que estén allí todos a los que quiero, y deseo regalos fantásticos. Quiero abrir esos regalos y no pensar ni un segundo en lo que tengo que hacer para compensar a los que me los han hecho, ni en si me los merezco, ni en todos los cumpleaños que he pasado sin ningún regalo en absoluto. Quiero atravesar esa puerta y entrar en un mundo en el que soy conocida, en el que me ven, en el que recibo un homenaje. Quiero luces y una estupenda lista de reproducción que no haya tenido que hacer yo, pero que es tan buena como si la hubiera hecho. Quiero que estén allí todas mis comidas favoritas, y después otro plato secreto de comida que me espera en la parte de atrás sólo para mí, después de la fiesta. Quiero sentir bien el aire. Quiero saber que esta fiesta es para mí, por todas las cosas que he sido y todo lo que voy a ser. Y quiero disfrutarla, no como mi ser del pasado, que no consiguió esto, ni como mi ser futuro mirando hacia atrás, sino como la persona que soy en este momento, sintiéndome tan querida como siempre debería haber sido.

Quiero saber, en cada hueso de mi cuerpo, que para mis amigos fue un regalo poder hacer esto por mí, que no lo hicieron por obligación o por los motivos egoístas de alguna otra persona, o para servir al ego de otro. Yo no soy un gato de acogida, nadie lo es nunca. Sé que las personas, independientemente de todo lo que les hayas machacado, merecen amor y adoración sin límites. ¿Y si se tardase demasiado en llegar a este punto? No hay problema. Algunos no conocen a sus almas gemelas hasta que tienen sesenta años, pero merecen ese amor cada día previo, de igual forma.

Quiero esa fiesta de cumpleaños y la siguiente. Quiero una fiesta para todos los años que nadie me ha organizado una, y por las lamentables celebraciones que organicé yo misma y que te pondrían triste si las vieras en una película. Quiero lo que al parecer consiguen todos los demás. Y si eso conlleva abandonar a las amistades decepcionantes que sigo intentando solucionar como un cubo de Rubik, y dar ese salto aterrador hacia un nuevo mundo en el que yo, una vez más, no tengo a nadie, entonces que cuenten conmigo.

Volveré a empezar mil veces si eso es lo que se necesita, como si fuera el primer día en un colegio nuevo, pero aquí la gente es mejor y más cercana de lo que yo quiero y, diablos, incluso podría ser exactamente lo que quiero. Estoy dispuesta a asustarme. Estoy dispuesta a descubrir.

Si los amigos que estoy predestinada a tener están disponibles, exactamente al otro lado de esta aprensión universal, esperando a que los conozca, entonces quiero hacerlo. ¿Es justo tener que seguir comenzando de nuevo? ¿Deberíamos tener que cruzar este puente por nonagésima vez para encontrar lo que algunas personas han tenido toda su vida? Tal vez no. Probablemente no. Pero ¿y si se encuentra entre el hecho de enfadarse porque no es justo —debería haber ocurrido más pronto y más fácil— y simplemente sobreponerse al infierno al otro lado? Yo preferiría estar ahí.

Quiero mi dichosa fiesta de cumpleaños. Y también quiero que tú la tengas. Tengo fe en que llegarás allí, en el momento más perfecto.

Índice

Las relaciones suelen ser la parte más importante de la vida de una persona. Pero a menudo son estresantes y frustrantes, o sencillamente incómodas, distantes y solitarias. Sentimos el peso de las cosas no dichas, de las necesidades no satisfechas y de los conflictos no resueltos. Es fácil sentirse estancado.

Pero, en realidad, las investigaciones recientes muestran que creas tus relaciones cada día con las cosas que haces y dices, lo que te da la capacidad de mejorarlas ahora mismo. Tienes el poder de hacer que todas tus relaciones sean mejores sólo con unos sencillos cambios que empiezan dentro de ti.

El autor superventas de *El cerebro de Buda,* Rick Hanson, PhD, aporta su calidez y su claridad características a *Construye grandes relaciones,* una guía completa para fomentar relaciones de todo tipo sanas, efectivas y plenas: en casa, en el trabajo, con la familia y los amigos, y con la gente que te supone un reto. Como psicólogo, consejero familiar y de pareja, esposo y padre, el doctor Hanson ha aprendido qué hace que las relaciones vayan mal y qué puedes hacer para que vayan mejor.